网络空间演进

网络社会心态研究（第二辑）

郑雯 著

图书在版编目（CIP）数据

网络空间演进：网络社会心态研究.第二辑/郑雯著.--北京：华夏出版社有限公司，2022.10

ISBN 978-7-5222-0381-2

Ⅰ.①网… Ⅱ.①郑… Ⅲ.①互联网络—社会心理学—研究 Ⅳ.① C912.6 ② TP393.4-05

中国版本图书馆 CIP 数据核字（2022）第 134702 号

版权所有　翻印必究

网络空间演进：网络社会心态研究.第二辑

作　　者	郑　雯
责任编辑	马　颖
责任印制	刘　洋

出版发行	华夏出版社有限公司	
经　　销	新华书店	
印　　刷	三河市万龙印装有限公司	
装　　订	三河市万龙印装有限公司	
版　　次	2022 年 10 月北京第 1 版	2022 年 10 月北京第 1 次印刷
开　　本	710×1000　1/16 开	
印　　张	10.25	
字　　数	152 千字	
定　　价	59.80 元	

华夏出版社有限公司　地址：北京市东直门外香河园北里 4 号　邮编：100028
网址：www.hxph.com.cn　电话：（010）64663331（转）
若发现本版图书有印装质量问题，请与我社营销中心联系调换。

本书系复旦大学新闻学院一流学科建设项目成果

谨以本书献给我的父亲母亲。在我人生的每一个"时刻",多亏了你们无私的陪伴与支持。

"网络社会心态研究"系列丛书序

中国社会正步入经济新常态的新阶段,可能遭遇以前数十年未曾经历的经济、社会与政治问题。当前研究多集中于经济层面,有关新常态阶段可能出现的社会与政治问题的研究尚不多见。事实上,经济新常态带来社会的"非常态",即过去稳定化、常态化的社会结构与制度、社会心态与行为模式出现一定演进和变迁。研究这一历史阶段的社会心态演进,构成了分析新常态背景下可能出现的社会与政治问题的一个重要框架,有助于我们在精神层面赋予中国发展道路完整的价值和意义,加深对中国国情的把握和理解。从现实层面看,民心向背直接关系国家稳定,社会心态研究可以为国家有效地处理可能出现的社会失衡局面提供基础信息和预判机制,已成为当前重要的时代课题。

作为社会心态研究的两个主要面向,网络社会心态与现实社会心态既有联系又不等同。网络社会心态无法脱离现实社会的身份束缚,却有其独特的运行逻辑。二者不是简单的并列或延伸关系,而是相互嵌入、相互建构,共同构成整体的社会心态(余建华,2014)。

我们认为,研究和把握新常态历史时期的中国网络社会心态,具有独到的学术和现实价值:

第一,互联网已成为社会转型期社会心态的重要呈现场域和主要交锋平台。在不同意见相互激荡、多种力量相互碰撞的网络环境中,纷繁复杂的社会心态极易通过互联网快速蔓延、发酵和放大(常倩,2012;Stieglitz & Linh,2013),集结超出现实集会人群数量千百倍的超大规模社群,形成规模巨大、破坏力和建设力均极为可观的强势集团(杜骏飞等,2015),导致用户在意识形态、价值观和态度等方面的极化(Wu,2014;Yardi & Boyd,2010)。不仅如此,面对外部刺激,网民往往会投入强大的心理能量做出反应,并具有比普通人群更高的从情绪到行为的转变概率。在这个意义上，网络社会心态不仅成为判断意见强度的新指标，更可能蕴涵远超出现实社会心态的社会能量，成为社会变迁的一个动力源（桂勇等，2015）。

第二，在中国的经济新常态这一特定历史阶段开展网络社会心态研究，对把握现实社会与网络社会中的关键群体具有特殊意义。一方面，伴随互联网用户激增，农村、弱势、边缘阶层的网民以及新生代（90后、00后）和年老的人群比例会继续加大，这些网络上不断成长的用户群，恰恰是新常态经济环境下最值得关注的现实人群，他们在特殊时期通过互联网加速集结；另一方面，个体通过群体动态机制在网络上形成具有代表性的不同意识形态群体，在趋同类聚或同质分类的过程中，形成"网络极端情绪群体"，跳出现实社会群体划分，建构新的在线社群结构（Huang & Sun，2014）。研究网络社会心态，有利于我们把握中国社会转型中的关键群体，有助于我们在现实社会和虚拟社会的比较中，更加全面完整地把握网络社会结构的动向。

第三，互联网为我们研究社会心态提供了极大的便利，为传统问题提供了新的研究语境，也为研究者提供了更为便利的研究条件和更加丰富的数据资源。网络社会心态能够被互联网使用的痕迹完整地捕捉到，运用网络不仅使我们可以通过"网络民族志"研究，对某一群体的文化、价值观、网络行动模式加以观察，相对真实地收集资料、还原社会心态原貌，还可以基于系统的海量数据对非正式沟通的流向、观点在不同社会群体之间的传播以及网络社群结构进行观察或做出合理的推断（法雷尔，2013）；更有学者已将网络社会心态研究拓展到多学科交叉领域，如探索社会情绪与财政经济学的关系（Nofsinger，2005），将推特心态作为"股票市场预测器"（Bollen, Mao & Zeng, 2011）等。网络社会心态研究是一个充满潜力和张力的新兴研究领域。

总的来说，学界在现实社会心态研究方面虽已积累了不少成果（Maio，2003；周晓虹，2009），但受线下调查方法的限制，相对忽视了网络社会作为社会基础性存在方式对社会心态的影响。2014年，我们开展"中国网络社会心态调查"之前，在中国知网以网络社会心态为关键词进行搜索，结果显示只有几篇文献;即便以"网络"和"社会心态"作为共同搜索词,所得文献也不过十余篇。这些研究散见于多个研究领域,包括对网络流行语词表达现象的研究(潘泽泉,李超锋,2010)、网络舆情频发相关非理性心态研究(李玉娟,2012)、网络意识形态研究(乐媛,杨伯溆,2009)等;大批网络舆情研究聚焦于对"事件或议题"的分析,未能实现以"人"(网民)为本的深层次心态研究;相对系统的网络社会心态整体性分析框架尚未形成。

那么,网络社会心态研究应该是什么样的?网络社会心态研究可以从哪些方面展开,可能的关键点又在哪里?对此,我们提出如下几点初步的设想。

第一,要有理论梳理和分析框架建构,通过跨学科合作来解决问题。

中国的网络社会心态研究正处于初期积累阶段,散见于网络舆情研究、网络社会思潮研究、网络表达研究等诸多领域,其内涵、外延、测量标准、逻辑起点、与现实社会心态的关系、对社会变迁的影响等亟待整合梳理、建构发展。为了建构整合性的分析概念框架,我们需要汲取新闻传播学、社会学、社会心理学、政治学等学科的研究成果,以综合的视角审视现有研究,为整合研究路径打下坚实的理论基础。

第二,网络社会心态不是网络舆情,研究者需要转换思路,投入大量人力物力,扎扎实实做好历史记录,完成新常态背景下中国网络社会心态的长期追踪。

在我们看来,网络社会心态研究不同于现有的大量网络民意或网络舆情研究聚焦"事件/议题"的研究路径。如何从聚焦短期效应,容易产生"污染"民意和群体极化现象的舆情研究,转向以网民个体为中心、以具有相对稳定性的网络表达为研究对象的研究,是我们近年来一直在探索的重点。我们尝试过依托网民个体在网络上自然呈现的内容,运用人工编码,在相当长的时间里对固定的微博用户所发全部博文进行整体性分析;也开始尝试运用大数据的方法,对微博数亿条信息展开机器学习。这些尝试的一个重要目标是观察和探讨网络用户的深层心态与实际意愿,从宏观的网络社会视角呈现相对稳定的民意取向。

在这一思路的指导下,我们尝试在中国经济新常态这一特定的背景下,构建一个反映当代中国网民思想观念的具有历史记录意义的资料库，为深刻理解中国网络社会心态的演进提供丰厚坚实的数据资料基础，包括：连续 3 到 5 年收集数十类社会职业的网民数据库，覆盖专业技术人员、私营企业主、体制内党政军工作者、知识分子群体、社会底层群体、商界精英与高资产人士、自由职业者等；连续 3 到 5 年分析新浪微博上亿条随机抽取的博文的社会心态和社会思潮动向；连续 3 到 5 年开展覆盖不同社会群体的线下真实个人的深度访谈和观察报告等。

第三，重视结构分析，呈现基于心态的网络社群结构，并阐明网络社会心态所反映的时代特征。

网络社会心态具有其独有的表达和演进逻辑，不仅表现在社会心态的呈现上，更体现在由社会心态聚合而成的虚拟社群结构中。研究网络社会心态的一大优势在于，线上数据具有比线下问卷数据更加丰富的层次结构。结合现实社会属性，通过海量数据挖掘不仅能追踪网络用户动态变化的社会心态，刻画出不同网络社群的价值偏好，亦能通过揭示网络社群观点形成、两级或多级聚合分化的过程和规律，系统呈现网络社群结构的时代特征，为促进网络社会的良性演进提供理论依据。

第四，要始终在现实社会与网络社会并存互构的关系中把握网络社会心态。

中国的新常态历史阶段，为社会心态变迁提供了丰富多元的社会环境。在此过程中研究网络社会心态演进，不仅要呈现其特征、结构、变迁，更要在现实社会与网络社会的互动关系中，研究两者如何影响社会心态变化的深层机制，通过对生成机制、传播机制、扩散机制、冲突机制的种种辩证研究，思考作为一种社会存在形式的网络社会的新形态。

第五，要尝试探索趋势，关注网络社会心态对国家发展和稳定的影响。

网络社会心态不仅能折射社会现实，还对社会现实具有能动的反作用：凝聚抑或分化人心、传播正向的价值取向抑或输送负向的价值观念、整合抑或分裂群体关系，等等。研究特定历史时期网络社会心态的演进的一个现实目标，是要将其应用到国家和社会的发展探索中。

总而言之，网络社会心态蕴涵着超出现实社会心态的社会能量，已成为社会变迁的重要动力源。研究新常态背景下的网络社会心态，需要我们将定性与定量方法相结合；线上数据（如微博、微信数据）与线下多元群体访谈相结合；横向群体结构比较和纵向历史变迁比较相结合；理论建构与实践应用相结合，系统地从理论、数据、结构、机制、影响等多个方面研究中国网络社会心态的演进过程及其对社会进程的潜在影响。相关研究将不仅为反映当前中国社会心态特征、趋势开拓一条新的研究路径，加深我们对中国网民、中国网络社会乃至中国民众心态的整体性理解，亦通过独特的视角在新的历史情境下寻求基于网络社会的创新性理论建构。

我们刚刚起步，有太多不足，希望在前行的道路上与同仁共勉。

李良荣、桂勇

2017年5月于复旦大学

目录

"网络社会心态研究"系列丛书序　　001

绪　论　**网络空间与网络社会心态：演进的逻辑**
　　001

第一章　**网络社会心态演进（2019—2020）**　013
　　第一节　共产党形象篇　015
　　第二节　社会民生篇　021
　　第三节　新冠疫情与社会心态变迁　028

第二章　**网络热点议题演进（2013—2018）**　033
　　第一节　"新时代"的网络镜像及其社会性意涵　035
　　第二节　精准扶贫：从战略到实践　044
　　第三节　"重大风险"的多元分化、文化转向与全球联动
　　　　　　048

第三章　**网络舆情事件演进（2016—2020）**　053
　　第一节　超大城市重点舆情事件的类型化及其演进
　　　　　　056
　　第二节　超大城市舆情特征及其发展动向　061

第四章　网络思想价值观念演进（2013—2018） 069

第一节　马克思主义、中国传统文化等价值观变迁 071

第二节　作为一种网络社会思潮的"改革开放"演进 073

第五章　网民与网络关键群体演进（2000—2020） 091

第一节　网络空间底层化：从"底层客体性时代"到"底层主体性时代" 094

第二节　中等收入群体在中国网络社会的角色与地位 115

第三节　网络新生代与网络社会心态：代际更替、心态变迁与引导路径 124

参考文献　137

后记　149

绪　论
**网络空间与网络社会心态：
　演进的逻辑**

近十多年来，互联网（尤其是移动互联网）的高速发展和广泛使用成为中国社会变迁的新的显著特点（Yang，2009；DeLisle，Goldstein and Yang，2016；刘少杰，2012；王迪，王汉生，2016）。网络场域既为多元社会心态的表达提供了契机，也形成了具有网络空间独特逻辑与特征的集体认知（刘少杰，2018），产生了大量具有互联网特色的社会心态与文化认同（蒋建国，李颖，2018；吕鹏，张原，2019），形塑着各类新型网络社群（Tong and Lei，2013；Han，2015）。网络空间成为精神价值面向的中国赖以存在、表达、形塑、演进的客观环境，成为社会心态的重要呈现场域和主要交锋战场，也推动网络社会心态成为影响网络生态乃至社会变迁的重要力量，天然地具有历史的、动态的、演进的发展面向。

根据目前的主要定义，"网络社会心态"是指一定时期内，广泛存在于网络空间各类网络社群之中的社会认知、社会情绪、价值观和行为倾向的总和，其本质是网络成员之间共享的心理现实性。现有研究除了对网络社会心态的核心概念进行理论勾勒外，主要聚焦两方面展开：第一，聚焦网络社会心态"是什么"的意义符码研究，对特定类型的典型网络社会心态或特定群体的网络社会心态进行测量、调查与深描，以刻画网络社会心态的表征。比如，在特定类型的典型网络社会心态研究中，泄愤心态、冷漠心态、左右翼政治心态、网络民族主义、网络民粹主义等成为典型研究对象（Nie，2013；Hyun and Kim，2015；Pan and Xu，2018；白洁，2014；李良荣，2015；唐子茜，曹勇，2015；刘璐，谢耘耕，2018）；在特定群体的网络社会心态研究中，青年群体和中产阶层的网络社会心态受到较多关注（杨建新，2012；王会丽等，2014；王佳鹏，2019；黄荣贵，辛艳艳，2014；郑雯，李良荣，2018）。第二，聚焦网络社会心态"为什么"的影响机制研究，分析互联网技术条件、商业化与资本化、政治力量与网络监管政策以及来自线下的多元因素给网络社会心态带来的影响和冲击（Castells，2010；Hepp，Hjarvard and Lundby，2015）。比如，国家采取多种手段对网络空间进行治理，形塑互联网平台、重要传播节点以及网络用户的行动模式，改变网络空间的主要话语生态，对网络社会心态产生影响（Tong and

Lei，2013；Svensson，2014；Han，2015；King，Pan and Roberts，2017；桂勇等，2018）；商业资本带有算法审查、信息操控和平台偏向等特征，影响网民的社会认知和社会心态（方师师，2016；Klinger and Svensson，2018；罗教讲，刘存地，2019）。

以上两方面研究，为网络社会心态的表征和影响机制积累了丰富的研究成果，但现有研究少有聚焦网络社会心态"怎么样"的研究视角，系统推进网络社会心态涌现与演进规律的实证研究。从方法上看，由于历时性数据的收集受到很大限制，现有的社会心态研究大多属于特定时点的截面研究，难以系统反映社会心态的变迁。虽然少量研究尝试运用多轮调查数据来揭示社会心态的变迁趋势，少量大数据驱动的研究初步探索了网络社会心态的规律（龚为纲，朱萌，2018；陈咏媛，王菲菲，2018；郑雯等，2019），但总体而言对社会心态的历时性研究仍有系统推进的空间。从理论建构上看，网络社会心态具有共享性、社会泛在性与相对稳定性，也具有显著的流动性和变动性。网络社会心态的表征、涌现与演进规律及其影响机制构成了网络社会心态研究的三个核心问题。对网络社会心态表征的描述和刻画是研究心态涌现和演进规律的基础和起点，心态涌现和演进的自发性与政治网络、商业资本、技术环境等因素塑造的网络生态具有协同发展关系，但网络社会心态涌现与演进规律本身的研究仍显匮乏。

网络数据的历时性以及网络数据获取的便捷性为社会心态的纵贯研究提供了新的研究路径，部分规避了社会调查成本高昂的限制，使得在更长时间跨度下研究社会心态的演变趋势成为可能。基于长期的数据挖掘，在动态的、历史的过程中研究中国网民的认知特点、认知体系与认知规律，更加深入全面地把握网络社会心态的时代特征与网络空间深层重构的发展趋势，是本书尝试推进的研究目标。笔者认为，网络空间与网络社会心态在一些共同的逻辑影响下协同演进，网络空间的社会情境、文化价值观念和社群结构既是网络社会心态涌现与演进的核心动能，也是网络社会心态涌现与演进的重要载体，是我们理解网络空间演进、理解网络社会心态涌现与演进问题的重要框架。网络社会心态既与现实社会存在紧密联系，又在复杂的网络生态互动中持续生成；既受到网络舆论事件与热点议题的激发，也受到深层次的文化价值观逻辑的长期影响；既在多元的网络社群关系层面发展，也在互联网人口结构的长期变迁趋势中涌现。这些都要求我们，避免零散的经验主义研究或臆想性的论断，尝试运用更大范围的经验数据挖掘，展现网络社会心态涌现与演进的复杂性，推进更深层次的中国网民认知特点与认知体系研究，加深我们对中国网络空间的整体理解，在新的历史情境下寻求创新性的理论建构。

一、情境逻辑："事件／议题"与网络社会心态演进

网络社会心态首先在具体的社会情境中被赋予社会意义，这是网络社会心态变动性特征的首要逻辑。由于网络符码的社会意义往往在网络互动中涌现，互联网用户在线表达所使用的话语符号或关注的议题在不断变化（Tamburrini, et al., 2015），因此，准确理解和挖掘网络社会心态需要结合具体的社会情境。每个时代、每个历史时期、每个社会发展阶段，都有不同的社会情境与社会焦点。网络舆情事件、网络热点议题是激发网络符码社会意义涌现的社会情境，也是网络社会心态演进的重要面向。研究认为，社会心态失衡是网络舆情发生的重要因素，因此可以透过网络舆论危机来洞察舆论事件背后的深层次社会心态（李景盛，2015；李玉娟，2012）。部分文献聚焦网络舆情事件，试图通过对事件的分析来揭示网络舆论场中的社会心态。对网络热点事件的分析表明，网络社会心态具有很强的动态性，且事件背后的态度立场呈现出明显的极化趋势（郭志权，2016）。也有部分文献聚焦网络典型议题，通过对劳工议题（黄荣贵，2017）、隐私议题（Yuan, Feng and Danowski, 2013）的实证分析来透视网络空间中的社会心态。但总体来看，聚焦"事件／议题"路径的现有研究，仍然较为注重横截面上的短期情绪、心态，忽视较为长期的、稳定的、趋势性的演进特征。

笔者认为，网络舆情事件和热点议题等社会情境中涌现出来的网络社会心态具有共享性、流动性和变动性，社会情境是激发网络社会心态涌现的直接因素，"事件／议题"是网络社会心态的重要载体。从宏观的网络空间视角观察长

期的、相对稳定的舆情事件趋势和网络议题演进，有助于我们在纷繁复杂的舆论场中把握网络社会心态涌现和演进的规律性，更好地理解网络空间主流趋势。具体来说，社会情境面向的网络社会心态演进主要体现在以下三个方面：

第一，重大突发公共事件（单一事件）推动网络社会心态演进。重大突发公共事件往往有着较长的发展阶段和心态演变过程。2020年以来，新冠疫情席卷全球，跌宕起伏，在全球舆论场中掀起剧烈声浪，相关网络表达密度之大、参与度之高、言辞之烈，都是近十年所罕见，其走势深刻影响了社会心态的变迁，成为近年来影响最深、最广的触碰底线型社会心态的现象级事件。本书第一章依托百度搜索数据、新浪微博6 250万条随机博文数据，使用大数据文本分析和博文质性解读相结合的混合式研究方法，以2019年第四季度数据作为常态参照系，对比了2019年10月至12月、2020年1月至3月、2020年4月至6月、2020年7月至12月四个新冠疫情不同发展阶段的网络社会心态特征及其演进规律，对关系到中国社会政治、经济、民生、外交等方面的数百个指标的海量网络表达建构语料库，展开搜索指数分析、大数据情感分析和语义网络分析，尝试拓展网络舆情事件研究的深度、广度，探索多元社会科学方法在网络社会心态演进研究中的应用。

第二，网络热点议题的社会性意涵演进反映网络社会心态变迁。互联网为新兴社会概念、热点议题提供了更加便捷的传播渠道，为网民延伸、重构现实社会概念提供了可能性。在网络空间中，政治概念、社会概念的生产主体更趋丰富、意义更趋多元，从而激发出海量的承载网络社会心态的网络符码。热点议题背后的普通网民网络表达能够被大量捕捉到，研究者得以依托更丰富的网络数据，收集、还原网民对相关概念的讨论视角和理解原貌，基于海量数据对相关网络议题展现的社会性意涵做出趋势性推断。本书第二章以"新时代""精准脱贫""重大风险"等中国特色政治议题为研究对象，依托2013年1月至2018年6月使用简单随机抽样原则获得的2.75亿条微博博文，挖掘党的"十八大"后六年间有关政治概念的网络文本，对微博场域下与"新时代""精准脱贫""重大风险"等概念高度相关的网络表达建构语料库并展开语义网分析，从普通网民的日常表达中挖掘政治概念的理论取向与社会性意涵,形成历时性的"网络镜像"。研究发现,"新时代"的网络镜像从2013年的"互联网新时代"走向2018年的"多元发展新时代",经历了从政治话语走向社会话语的过程;网民对"精准扶贫"议题的理解经历了政策起步期、模式探索期、中心深入期、精准攻坚期四个阶段,表现出从国家推动到社会参与,从单一主体到多元协同,从被动接受到主动应援的历时性演进特征;网络上对"重大风险"的讨论则日益复杂化,金融风险始终受到高度关注,房产风险最易催生广泛讨论,文化价值观类风险、全球联动风险近年来持续走高。

第三,网络舆情事件(多元事件)历时性的发展规律凸显网络社会心态趋势。 多元化的网络舆情事件的爆发,有偶然性,亦有更深层的规律性存在。北京、上海、广州、深圳等中国的超大城市正在步入新常态转型阶段。超大城市的文化多元性超常,亚文化的种类和规模超常,文化发育的自主性超常,其公共舆论具有超前意义上的独特性,其信息传播复杂程度更是前所未有(赵孟营,2018),使得超大城市的任何公共事件,都有可能激发网络社会心态的爆发式涌现。本书第三章综合新浪网微舆情频道、东方网数字平台、今日头条、百度搜索、人民网舆情频道等数据来源,连续五年(2016年至2020年)基于每年50个、共计250个超大城市重点舆情事件的研究,探寻超大城市网络空间公众舆论事件中的网络社会心态发展规律。研究发现,超大城市中的公共安全类事件、城市管理类事件是受关注度最高的舆情事件类型,是超大城市舆情事件负面社会心态的主要蓄水池;民生社会类舆情事件是唯一一类连续五年快速上升的事件类型,教育、婚姻、就业、工作等议题走向舆论中心。与此同时,超大城市的舆情下沉现象突出,"热搜"与"热议"在多重领域显著分化;超大城市人民群众多元分化的需求与有限的城市资源的矛盾上升,城市资源争夺型舆情风险持续上涨;"如何处理对外关系""如何对待西方文化"成为超大城市舆情讨论与心态聚焦的新热点和新维度。

二、文化逻辑:"思想价值观念"与网络社会心态演进

网络社会心态涌现与演进的过程,受到深层次的社会文化影响和制约,受文化价值观的核心理论资源塑造。思想价值观念是网络社会心态涌现的文化基础,也是网络社会心态演进的重要面向。在不同的社会情境中,思想价值观念以具体而通俗的方式阐释、传播,影响人们对具体社会问题的理解,最终形成网络社会心态的表达(马得勇,王丽娜,2015;季程远等,2016;马得勇,陆屹洲,2019)。现有研究关注到了思想价值观念与社会心态涌现之间的关系,越来越多的研究试图揭示特定信念系统中居于核心地位的概念与价值倾向(Boutyline and Vaisey,2017),但具有中国特色的长期的思想价值观念变迁趋势与网络社会心态演进规律还未积累出成体系的研究成果。

笔者认为,网络社会心态的涌现与演进,存在纵向的层级结构,深层的核心文化资源是浅层心态表达的纲领性要素,相同或相似的文化价值观为网络社会心态提供合法性与合理性,能够引起社会共鸣,且具有强大的社会动员潜力。思想价值观念与网络社会心态具有演进和扩散上的协同性,分析相对显性或浅层的社会心态与深层次的文化价值观之间的关系成为重要的网络社会心态分析视角,能够深刻反映网络社会心态演进中相对稳定的文化脉络和发展规律,也是理解多元复杂的网络社会心态在舆论场中声量高低、影响力大小的关键因素。具体来说,文化价值观面向的网络社会心态演进,主要体现在以下两个方面:

第一,中国社会核心思想文化资源是影响网络社会心态的深层次文化资源。社会主义核心价值观、马克思主义与中国传统文化是中国社会的核心思想文化资源,既有历史延续性,也不断地与时俱进,展现出新的时代特征。网络空间中的海量网络符码数据,使得对这类核心思想文化资源的变迁测量具有了可行性,其演进趋势是解释、解读各类复杂社会心态现象的关键。本书第四章第一节采用自然语言处理和机器学习方法,针对2013—2016年的2亿条新浪微博博文展开大数据分析,围绕网络空间中的核心文化价值观演进趋势进行研究,构造了好感度和反感度两类指数,即每万条微博中对特定议题或对象持好感态度或反感态度的微博数量。研究发现,马克思主义和中国传统文化的影响力和好

感度均显著提升，部分西方价值观虽然在碎片化的网络传播中广泛存在，但已异化为具有中国特色的权利诉求表达，反映出西方价值观在中国的影响力下降。网民愈加愿意从中国传统历史文化中寻求精神支持和正面心态动力。

第二，具有中国特色的典型思想价值观念是理解当代中国多元社会心态碰撞的核心。过去 40 年，伴随改革开放新旧交替的剧烈变动及在此过程中涌现的社会转型问题，中国思想理论界的"左""右"之争、"保守主义"与"激进主义"之争、"社会主义"与"资本主义"之争，长期存在，从未离场。从某种意义上来说，当代中国不同社会思潮所代表的阶层利益和主要观点绝大多数都是基于改革开放之后形成的利益格局，以及由此提出的不同的主张和看法。改革开放是当代中国多元社会心态、多元价值观念碰撞的时代背景、重要动因与核心议题。本书第四章第二节依托新浪微博 2013—2018 六年间共计 2.75 亿条随机微博博文，使用大数据文本分析和博文质性解读混合的方法对具有典型代表性的中国特色思想价值观念"改革开放"的网络讨论与价值观演进展开研究。研究发现：网民对改革开放的整体态度倾向呈现波动向好的局面，国家立场、底层或弱势群体立场往往成为改革开放正负面态度的分野标志；改革开放在互联网空间表现为一种国家战略与生活体验兼具的社会存在；作为一种网络社会思潮，改革开放从内部讨论走向对外关系，"如何看待西方"成为网络讨论的新维度。

三、结构逻辑："网络关键群体"与网络社会心态演进

网络社会心态具有其独特的涌现和演进逻辑，亦体现在由社会心态聚合而成的网络社群结构中。网络社群在网络社会心态的涌现过程中发挥了重要作用，网络社会心态内嵌于具体的网络社群互动中，受到社群结构的影响，并在社群变化中演进。不同社群之间的关系变迁和力量博弈，影响着网络社会心态的涌现。其中，网民的社会经济地位等结构性因素对他们的网络社会心态的影响已经得到较多的研究，这些研究通过统计分析展示了网络社会心态在不同社会经济地位的群体中存在显著差异（Pan and Xu, 2018；邵春霞，彭勃，2015；唐

芳，2009；郑雯等，2017）。

笔者认为，网络社群是构成网络社会的中观基石，既是引领网络社会心态的关键行动者，也是网络社会心态演进的重要载体。多元价值取向的网络社群间关系与互联网人口结构的长期变迁趋势，都动态地影响着网络社会心态演进。具体来说，结构面向的网络社会心态演进，主要体现在以下两个方面：

第一，多元价值取向的网络社群间关系与力量博弈建构网络社会心态的力量格局变迁。 中国网络空间存在多元化的思想价值观念，具有相同或相近社会心态的群体，跳出现实社会群体划分，趋同类聚，围绕这些思想价值观念形成了多元化的价值观认同社群（Pan and Xu, 2018；Huang, Gui and Sun, 2019；桂勇等，2018）。不同价值观取向的网络社群之间，则形成了各种群体间关系和力量博弈，即使在共享相似的思想价值观念的社群内部，也会生成具体分化的子社群，并伴随时间发展，形成不同的社群间关系。多元价值取向的网络社群，持续处在力量此消彼长的博弈互动中，或新社群形成、旧社群没落的发展过程中，总体影响着网络社会心态的力量格局变迁。

第二，互联网人口结构的长期变迁趋势带来网络空间的深层重构，由此带来诸多网络社会心态特征。 伴随互联网用户激增，现实社会中的各类人群比例不断扩大，通过互联网加速集结。把握互联网人口结构的总体变化趋势，有助于我们在现实社会和虚拟社会的对照与比较中，更加全面完整地理解网络舆论场意见表达的时代特征与网络空间深层重构的长期趋势。本书第五章研究底层、中等收入群体、网络新生代（90后、00后）作为中国网络空间三大关键群体的趋势性变化。研究认为，中国的网络空间正在经历深刻的底层化过程。中国网民中，低学历人群持续增加，高教育水平的群体在网络舆论场中大幅减少，底层群体作为网络空间的关键意见群体，以其浩荡的表达声量和影响力，形塑中国的网络舆论场。底层价值观成为工具性的传播符号，成为各类社会思潮争夺定义权和阐释权的对象，成为中国网络空间的关键立场基准。"底层客体性时代"向"底层主体性时代"的转变，成为理解网络空间演进方向的新视域。另外，受过良好教育、有着较为稳定的工作和中等程度收入的网民也在逐步提升影响力，以追求"个人权利""社会保障""生活品质"为目标的社会心态成为网络表达的高发领域；"三高"（高发展效能、高个人奋斗、高生活追求）、"三低"（低政治效能、低政治关注、低政治表达）特征成为中等收入群体网络表达的主流。与此同时，网络新生代正在推动中国的价值观代际更替。90后、00后在网络化生存、高压化生存和全球化生存状态中，表现出更强的个人主义和反权威性。网络新生代在社会议题、社会情绪、社会价值观方面深刻影响了网络社会心态的变迁，其背后，是这一群体独特的精神需求与网络表达特性。

综上，本书采取动态的、历史的视角，借助多平台、多群体、多维度的长时段、追踪性纵贯研究，将网络社会心态的自涌现规律嵌入中国特色的网络社会情境、文化价值观念和网络社群结构中，尝试建构网络空间演进与网络社会心态涌现的多重面向：社会情境是激发网络社会心态涌现的直接因素，"事件/议题"是网络社会心态的重要载体；思想价值观念是网络社会心态涌现的文化基础，深层的核心文化资源是浅层心态表达的纲领性要素，能够深刻反映网络社会心态演进中相对稳定的文化脉络和发展规律，也是理解多元复杂的网络社会心态在舆论场中声量高低、影响力大小的关键因素；网络社群是构成网络社会的中观基石，既是引领网络社会心态的关键行动者，也是网络社会心态演进的重要载体。本书探索了大数据驱动的社会科学研究方法，在更宏观的层面对网络社会心态进行类型化，分析其演进机制；利用话题模型和语义网络阐释具体的社会心态符码意义和文化意涵变迁；利用电子痕迹和在线互动数据考察网络社群结构等等。笔者期冀通过多重面向的挖掘，在更长期的历史变迁中，增进我们对中国网络空间和网络社会心态整体发展方向与演进趋势的理解。

《寻找网络民意：网络社会心态研究（第一辑）》主要探索了网络社会与现实社会是如何相互连接的问题，《网络空间演进：网络社会心态研究（第二辑）》则主要探索网络空间如何推动了网络社会心态的涌现和演进。如第一辑一样，本书仍然是对中国互联网变迁的朴素的记录，仍然是研究网络社会心态及其代表的精神价值面向的中国的初步尝试，存在着诸多不足。真诚期待学界同仁、读者朋友们，不吝赐教，批评、指正！

第一章
网络社会心态演进
（2019—2020）

中国改革开放以来的社会变迁不仅表现为经济体制的转轨、政治体制的改革和社会结构的转变,还表现为中国人思想观念与社会心态的嬗变。网络空间构成了网络社会心态赖以形成、表达、演进的客观环境,网络社会心态亦反过来塑造网络空间。作为社会心态形成和变革的重要场域,网络社会心态的研究天然地具有一种历史的、动态的、随时间演进的研究视角。

2020年以来,新冠疫情席卷全球,跌宕起伏,在全球舆论场中掀起剧烈声浪,相关网络表达密度之大、参与度之高、言辞之烈,都是近十年所罕见,其走势深刻影响了社会心态的变迁,成为近年来影响最深、最广的底线型社会心态现象级事件。本章研究依托百度搜索数据、新浪微博6 250万条随机博文数据,使用大数据文本分析和博文质性解读相结合的混合式研究方法,对2020年关系到中国社会政治、经济、民生、外交等方面的数百个指标的海量网络表达建构语料库,展开搜索指数分析、大数据情感分析和语义网络分析。在语义网络分析中,通过检视构成概念的子网络的词语以及词语间的共现关系,提取网民对中国共产党的态度,对民生议题和国际关系问题等不同问题的讨论视角和态度倾向。研究以2019年第四季度数据作为常态参照系,对比了2019年10月至12月、2020年1月至3月、2020年4月至6月、2020年7月至12月这4个新冠疫情不同发展阶段的网络社会心态特征及其演进规律。

第一节 共产党形象篇

经历突如其来的重大疫情,网民如何看待党的领导和相关工作,对中国共产党的态度、认知经历了怎样的变化?基于6 250万条新浪微博随机博文的大数据语义网络分析显示:以疫情暴发前的2019年10月至12月常态作为参照,网民普遍认为中国共产党是中国发展的建设者、中国道路的探索者、现代化治理的引领者。在新冠疫情发展的不同阶段,网民对党的认知在香港问题、反腐倡廉、美国封锁等具体事件中不断深化,突出塑造了困难中冲锋在前的中国共产党,严格律己、执政为民的中国共产党,以及不畏强权、努力探索的中国共产党形象。

一、疫情暴发前:中国发展的建设者、中国道路的探索者、现代化治理的引领者

该时段"共产党"在微博场域中形成了四大语义社群。社群1(蓝色)主要涉及"现代化""治理""体系""社会主义"等网民对国家治理的讨论。社群2(粉色)主要涉及"初心""使命""牢记""教育"等关系到党内作风建设的主题教育活动。社群3(黄色)中"成立""周年""中华人民共和国"等关键词,主要涉及节庆日的政治纪念话语。社群4(绿色)中"追授""黄文秀""称号"等,主要关系到党内对先进个人的表彰。其中,社群1的内涵最为丰富。

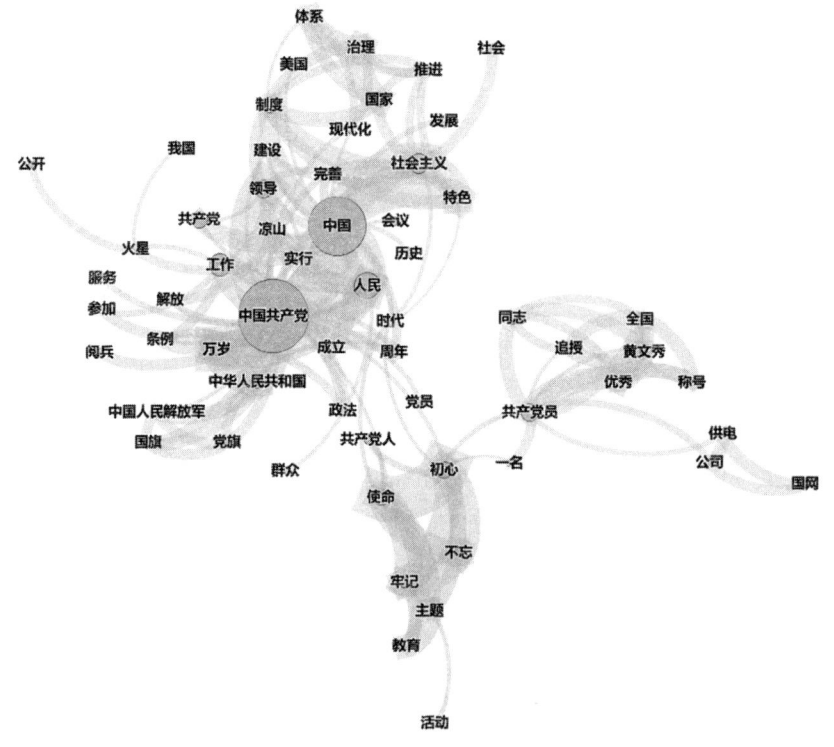

图1-1 2019年10月至12月"共产党"语义网络图

具体而言，社群1集中出现了"香港""民主""群众""制度""历史""思想"等热词。

首先，这一时段，正值香港"修例"风波激烈阶段，网民对香港问题始终保持高度关注。但由于问题的复杂性，网民尚难以形成深刻的见解和认识。一些国家挑拨是非、干涉内政的行为，进一步激发了网民的爱国情怀。诸多网民抒发对国家团结稳定的强烈诉求，表达对共产党领导下的国家发展、制度建设的肯定，言辞朴素而真挚。相关代表性评论，体现出部分网民对中国特色社会主义的制度自信、对中国发展的道路自信。

如有博文说道："这几个月，让我明白一件事，西方有部分人出于国家利益，借用近乎垄断性的国际媒体生态圈封杀我们中国普通人为国发声的言论自由，也有一部分人根本只相信他们心中的中国，认为共产党领导下的中国和中国人都是有原罪的。更可怕的是，他们根本没有了解中国的想法的意愿，只愿相信自己想相信的。"（KF-2019-10-16）①

"她有说话自由，我们也有说话自由，我们爱中国，爱中国共产党，爱中国人民，我们国家的社会主义道路是最好最美的道路，我们十四亿人都可以向世界喊出来啊！你们的自由是变味的自由，是自己自由了，是自私的自由。你们对公共设施的破坏又体现你们的什么自由呢？难道你们的民主自由是破坏，是打砸？【希拉里：每位美国人都有权支持香港民主与人权［吃惊］】"（SLWZT-2019-10-09）

二、疫情暴发阶段：困难中冲锋在前

该时段"共产党"在微博场域中形成了四大语义社群。社群1（绿色）中"党代会""参加""组织""记者""条例"主要涉及党的日常工作的新闻报道，如中共中央印发《中国共产党国有企业基层组织工作条例（试行）》以及中央组

---

① 本书中涉及微博博文的引用，将按照"发表博文网民的网名首字母倒序－博文发表时间"进行标注引用，例如，网民"@老神仙"在2018年10月5日发布的博文，将被标注为XSL-2018-10-05。

织部就记者问答。社群2（黄绿色）中"宣誓""光荣感""身份""赋予"主要涉及党员队伍建设与党员在疫情中的先锋作用。社群3（紫色）中"医生""牺牲""优秀"等关键词，主要涉及对党员医生的讨论。社群4"防控""疫情""一线"等关键词，主要涉及党组织下的防疫工作。

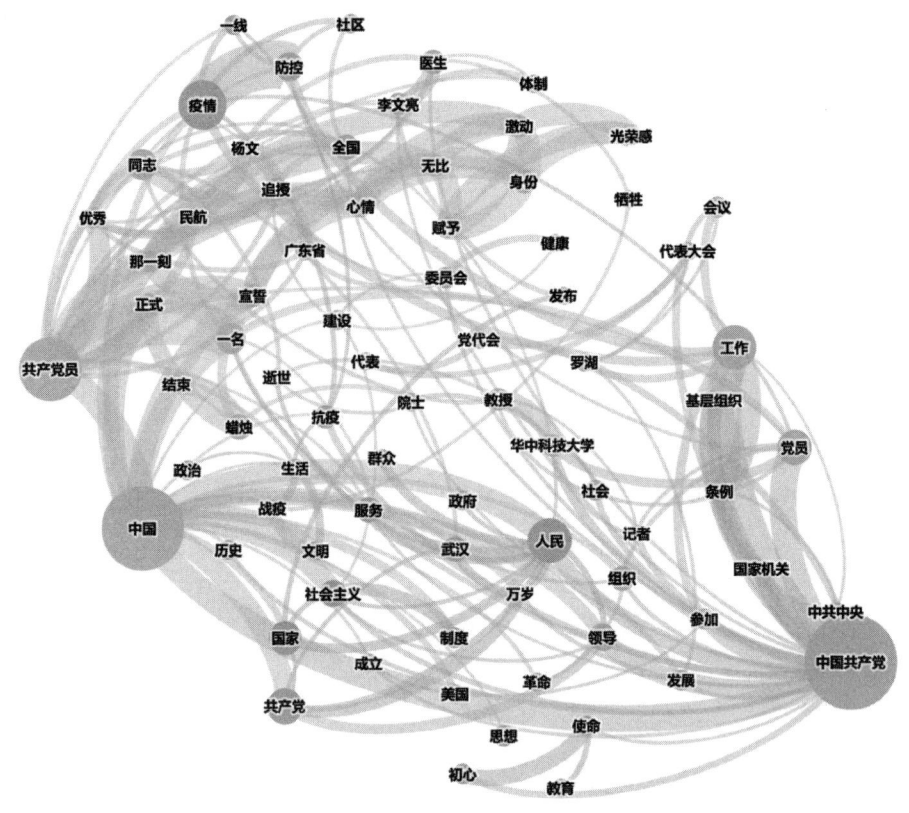

图1-2　2020年1月至3月"共产党"语义网络图

虽然该阶段语义网分成四大社群，但却密切相关，反映的是网民对于新冠疫情下共产党以及共产党员的能力的全面认识。虽然网民曾对某些地方干部的行为表示不满和质疑，但共产党员坚持为人民服务，在困难面前冲锋在前的责任和担当在关键时刻仍然深入人心。有网民转发："武汉加油'致敬白衣战士''武汉加油'在同济，有许许多多的医务工作者、共产党员，他们主动请缨，他们奋斗在与疾病抗争的战场，他们快速总结经验，他们第一时间制定指南,他们的脚步匆匆却坚强有力……我看见:逆行医者同济人[心]对抗疫情,我们一起加油![拳头][拳头](via华中科技大学同济医院)。"(NLC-2020-01-23)同样,社群2反映的也是志愿者、医护人员奔赴抗疫一线、坚守一线,递交入党申请书,以共产党员的标准要求自己,主动请缨前往党和人民最需要的地方去战斗。入党积极分子、共产党员在这次抗疫中用实际行动为广大群众筑起了一道坚固的防线,经受住了组织的考验,让部分网民认识到,危难时刻的共产党员是人民坚强的后盾。

三、疫情稳定阶段:严格律己、执政为民

该时段"共产党"在微博场域中形成了四大语义社群。社群1(紫色)中"中央纪委""调查""涉嫌""公安部""违法"等关键词主要涉及党内作风建设工作。社群2(橙色)中"巴西""爆发""国际"等关键词显示,这一社群主要涉及国外疫情蔓延下的政治生态。社群3(绿色)中"建设""脱贫""参加""政策"等关键词,主要涉及两会政府工作报告和疫情下的国事商讨。社群4(草绿色)中"周恩来""五四""青年时代""五四运动"等,主要为节庆日的政治纪念话语,不作专门论述。

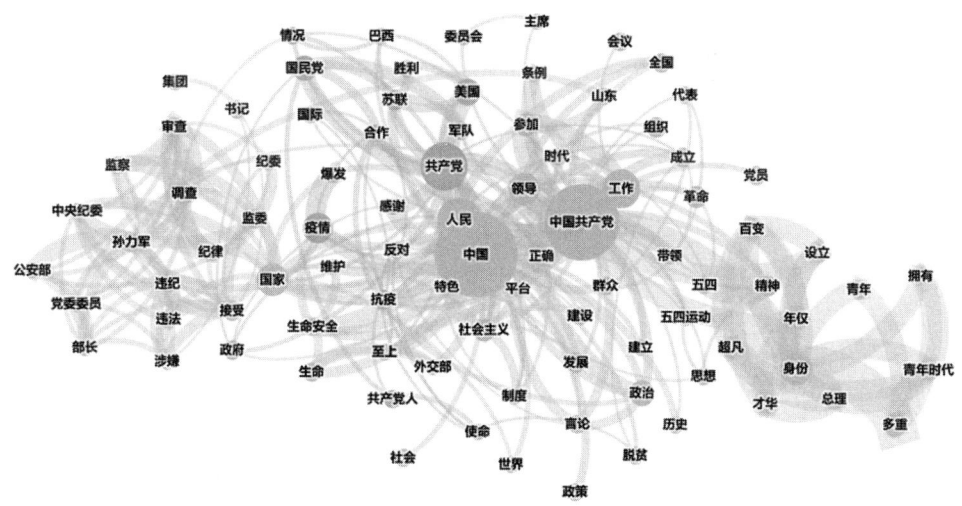

图1-3　2020年4月至6月"共产党"语义网络图

具体而言，社群1反映出的是党的"十八大"以来党始终保持反腐斗争的高压态势。不断查找并堵塞制度漏洞的作风建设体现出共产党"自我革命"的品格。有网民转发："能力强但是思想上慢慢滑坡，不自省，不慎行，逾越红线后一发不可自拔。不求所有为官之人能够兢兢业业做好本职工作，但希望每个官员对得起人民的拥护和信任。"（XYYSTQ-2020-04-19）

从社群2的关键词来看，外国在疫情暴发后暴露出的物资紧缺、政府效率低下等问题，让网民对中国共产党执政为民的治国理政理念有了更进一步的认识。以中国共产党为参照，网民逐渐注意到其他国家、其他地区政党执政的表现与方式。如有网民转发评论："一个州政府，想要给自己的人民用上呼吸机，居然要防着自己的国家，防着自己的总统[doge]巴西东北部的一个州马拉尼昂州从中国订购了一批呼吸机，注意不是之前大放厥词污蔑中国的巴西联邦政府，一个特殊的情况是马拉昂州是共产党执政的州[doge]在被巴西联邦政府、美国、德国各种干预、截糊（和）、征用和无功而返后，它下定决心直接从中国订购了107台呼吸机、20万只口罩。"（YZP-2020-04-18）

社群3则是党中央领导下，政府统筹推进疫情防控和经济发展工作，实现社会稳定、全面建成小康社会、打赢脱贫攻坚战的综合反映。2020年两会政府工作报告中不设GDP指标，优先稳就业、保民生等举措，体现出在疫情重创下，党和国家求真务实的精神和态度。

四、复工复产阶段：不畏强权、努力探索

该时段"共产党"在微博场域中亦形成了四大语义社群。社群1（黄色）"赴美""家属""禁止""签证"等关键词主要涉及美国的相关封锁禁令。社群2（蓝色）中"先进""表彰""优秀"等关键词显示，这一社群主要涉及先进工作者表彰活动，不作专门论述。社群3（绿色）中"七一""党旗""初心""使命""重温"等关键词，主要涉及建党99周年庆祝政治纪念话语以及学习四史主题教育活动，不作专门论述。社群4（粉色）中"自信""根源""复兴""保证""幸福"等关键词，是网民围绕中国共产党建党百年的讨论。

具体而言，社群1中，针对美国禁止中国共产党党员及其家属赴美，诸多网民戏谑性地从中美两国关系出发，认为美国此举间接帮助了党的反腐斗争工作。从某种层面来说，这种积极理解反映了网民对国家综合实力的肯定，网民并不过于担心与美国关系恶化会给国内政治、经济造成严重负面影响。

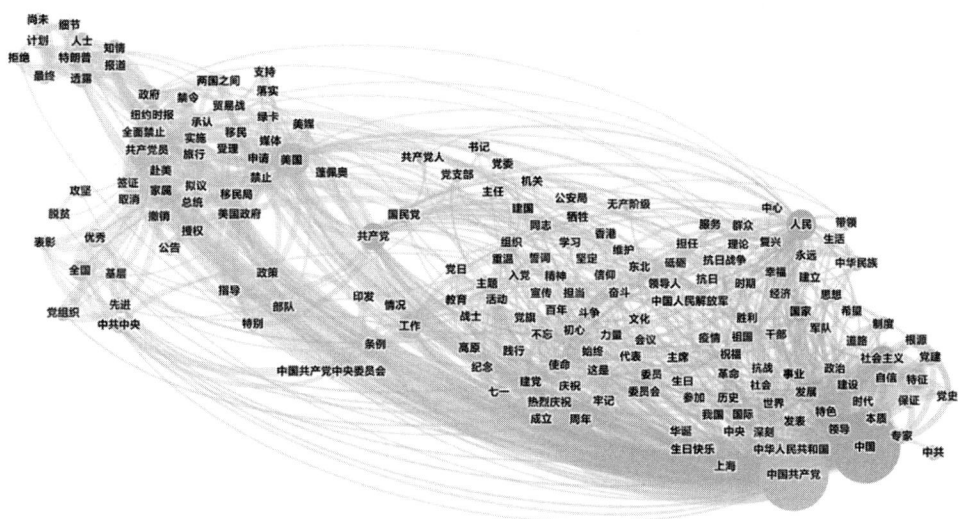

图1-4　2020年7月至12月"共产党"语义网络分析图

社群4的关键词则是网民立足于中国道路的成功，思考中国的制度体系、党的执政理念对于全世界经济发展、全人类幸福生活的价值和意义。百年探索，已让中国网民相信国家制度的优越性，相信中国梦实现的可能。中国有着全世界最多的人口、幅员辽阔的国土面积、错综复杂的社会结构，却始终能保持社会稳定和谐、百姓安居乐业、经济稳定增长，甚至在全球经济放缓浪潮中仍然表现出蓬勃生机。网民期冀，中国道路能为更多国家和地区提供路径与经验。

第二节　社会民生篇

受疫情冲击，中国网民如何关注民生问题？笔者根据中央经济工作会议精神,将2020年以来网民关注度较高的社会议题归纳为金融风险、脱贫攻坚、环境保护、房价、户籍、医疗、食品安全、就业、教育、养老、通货膨胀、外资/外贸等12个社会热点议题。在时间段上,选择自2020年1月20日钟南山院士提出新冠病毒人传人开始(以下数据除特殊说明外均以此为初始节点),综合2020年1月20日至2020年12月16日的百度搜索数据展开分析。数据显示,脱贫攻坚、通货膨胀、房价是2020年网民关注度最高的三个民生议题,搜索指数整体日均值分别达到2 796、2 562、2 354。

一、脱贫攻坚最受瞩目

2017年10月18日,党的"十九大"报告提出:要坚决打好防范化解重大风险、精准脱贫、污染防治的攻坚战,使全面建成小康社会得到人民认可、经得起历史检验。2020年,三大攻坚战中,脱贫攻坚最受瞩目,不仅当选"汉语盘点2020"年度国内词,且搜索指数相比2019年同期上涨75%,年度日均搜索指数高达2 796,成为十二大民生议题中最受关注的议题。

(一)党中央统筹推进疫情防控和脱贫攻坚,脱贫攻坚更受90后和女性瞩目

如期实现脱贫攻坚目标任务,本就有许多硬骨头要啃,新冠疫情又为完成任务增加了难度,打赢脱贫攻坚战面临的困难挑战更为艰巨。在疫情暴发初期,疫情造成一些地方外出务工受阻、扶贫产品销售和产业扶贫困难、扶贫项目停工,一些疫情严重地区帮扶工作受到影响,网民的注意力整体转向疫情防控工作,对脱贫攻坚的关注热度有所下降。1月20日至3月31日期间,"脱贫攻坚"关键词的搜索指数为1 621,环比下降了11%。3月6日,国家领导同志在决战决胜脱贫攻坚座谈会上强调:"到2020年现行标准下的农村贫困人口全部脱贫,是党中央向全国人民做出的郑重承诺,必须如期实现,没有任何退路和弹性,"明确提出必须统筹推进疫情防控和脱贫攻坚,做到两手抓、两不误。此后,"脱贫攻坚"搜索指数开始上升并持续走高。4月1日至6月30日,日均值达到3 224,同比上涨102%,环比上涨97%。

7月,国务院扶贫开发领导小组开展2020年脱贫攻坚督查工作,对中西部

22个省份脱贫攻坚专项巡视"回头看",与基层共同发现问题、解决问题,确保如期高质量完成脱贫攻坚目标任务。相关工作带来网民对脱贫工作的持续关注,7月1日至12月16日,相关搜索指数环比上涨23%。直至11月23日贵州省宣布所有贫困县摘帽出列,至此,中国832个国家级贫困县全部脱贫摘帽,"脱贫攻坚"搜索指数达到阶段峰值。

从人群画像来看,90后和00后更为关注"脱贫攻坚"议题。在仅占全网搜索人群分布10.5%的情况下,00后贡献了"脱贫攻坚"关键词31.3%的搜索量,可见其对该议题不同寻常的关注程度。而90后在所有搜索该关键词的人群中占比39.2%,位列各群体第一。从性别构成来看,女性网民更关注"脱贫攻坚"议题,关注比例超过60%。

(二)"金融风险"关注度上升:涉外"贸易战"议题关注度下降,国内消费贷、信用债等议题获得更多关注,90后、00后更关注消费贷议题

三大攻坚战中,防范系统性金融风险,是防范并化解重大风险攻坚战的重要任务。从搜索指数来看,2020年"金融风险"关键词的搜索指数相对较低,日均270,但是同比上涨约15%。数据表明,相比对"金融风险"关注度的不断上升,贸易战议题相较2018年和2019年的关注热度持续走低,除了少数新闻热点,例如美国对国内部分企业予以制裁时搜索呈现高峰,其余时间段内搜索热度大不如前。相比关注来自美国等国外经济领域的风险和压力,2020年国内金融领域消费贷、信用债等议题获得更多搜索关注。数据显示,"贸易战"一词的资讯指数接近22万,同比下降74%;而"金融风险"一词的资讯指数超过31万,同比上升98%。其中,"花呗""借呗"和"消费贷"等关键词的搜索指数加总达到9 111,远超其他金融风险关键词的搜索热度,表明消费贷议题已成为网民普遍关注的金融风险问题。2020年,"精致穷"成为年轻人群体的生活方式的形容词之一,伴随着社会消费升级与消费分级,以高利率、无担保为主要特征的消费金融产品受到了年轻一代追捧。人群画像数据显示,90后、00后更关注"借呗""花呗"和"消费贷"议题,00后在全网搜索人群占比为10.5%的情况下贡献了该议题14%的搜索量,90后在所有搜索"消费贷"的人群中占比35.6%，位列各群体第一。Z世代对包括金融风险议题在内的各项社会话题都保持高度关注。

（三）"污染防治"关注度稳定；水污染问题最为突出、频上热搜；80后最关注环保议题

百度搜索指数显示，"污染防治"的搜索热度相对稳定。2020年"污染防治"议题的搜索指数为1 293，较往年没有明显变化，且全年相对稳定，受疫情影响不大。就污染类型来看，蓝天、碧水、净土三大保卫战中，水污染问题最受关注，搜索指数达到443。2020年，各地水污染引发了社会热点甚至热搜事件：11月，"辽宁盘锦居民家中自来水可点燃"话题登上微博热搜；12月，陕西延安洛川县城多个小区的居民表示生活用水浑浊，疑被污染。一方面，我国此前以水污染为代价的发展方式正在发生积极的变化，经济发展质量进一步优化；另一方面，水生态环境保护不平衡、不协调的问题依然突出。人群画像数据显示，80后最关注环保议题，在所有搜索"环保"关键词的人群中，80后群体占比37.7%，位列第一。

二、"六稳六保"稳中求进，90后崛起为民生议题第一大关注群体

2019年中央经济工作会议提出，2020年要确保民生特别是困难群众基本生活得到有效保障和改善。其中，就业、养老、医疗、教育、住房都是重要议题。2020年，各项工作得到有效推进，多方面惠民政策落地，实实在在地影响到百姓生活。

（一）"通货膨胀"议题受物价涨幅和物资供应情况影响

百度搜索指数显示，2020年"通货膨胀"的搜索整体日均值达到2 562，相比2019年同期上涨27%，成为2020年除脱贫攻坚外，热搜度最高的民生议题。自1月20日钟南山院士提出新冠病毒人传人算起，通货膨胀这一议题在互联网上主要有两波搜索高峰。波峰A为2月15日。在1月份的价格指数公布以后，由于CPI（居民消费价格指数）达到了5.4%，加上疫情发生后一些商品的市场供需矛盾有所加剧，社会舆论担忧出现物价上涨，甚至通货膨胀。针对

这一担忧，2月15日在国务院举行的应对新型冠状病毒感染肺炎疫情联防联控机制新闻发布会上，央行表示，央行会延续稳健的货币政策总基调，对通胀预期等压力及时采取措施进行调整，中国绝对不会出现大规模通胀。此消息经媒体报道得到广泛传播，回应了疫情期间网民关注的社会热点问题。

另一波峰为3月29日前后，网络上出现关于美国刺激法案是否会导致通货膨胀的讨论。百度搜索指数显示，1月20日至3月31日，受疫情影响，人们普遍担心通货膨胀问题，加之该时间段内由春节、疫情等多种因素叠加导致CPI上涨，商品价格呈现一定波动，搜索指数整体日均值达3 604，同比上涨146%，环比上涨84%。随后到了4~6月，国内疫情基本得到有效控制，国民经济生活逐渐回归平稳，通胀议题的搜索指数降至2 594，虽然相比2019年同期仍有20%的增幅，但是环比下降18%，相比疫情初期的大量搜索已有明显回落。及至7~12月，通货膨胀议题持续退烧，关键词搜索指数环比下降29%，恢复至2019年同期水平。

对比国家统计局公布的2020年CPI有关数据，可以发现，"通货膨胀"关键词的搜索热度与CPI的同比涨幅"同此凉热"，息息相关。当CPI指数涨幅在1~3月高企至5.4%、5.2%和4.3%时，"通货膨胀"的搜索指数也跃升至年度最高水平。随着此后CPI指数涨幅的不断下降，从4月份的3.3%，到7月份的2.7%，再到12月份的0.2%，相关搜索热度也随之滑落。

（二）男性更关注"房价"，中央强调"房住不炒"为议题降温

2020年，房地产市场分化明显，长三角地区和粤港澳大湾区等区域城市房价上涨迅速，出现价格倒挂、众筹打新、万人抢房等现象，牵动万千网民的心。在2020年4月17日以及7月30日举行的两次中央政治局会议上，中央反复强调"房住不炒"，落实房地产长效机制，为房价议题降温。数据显示，"房价"关键词的百度搜索指数在7~12月间环比下降8%，议题热度随着房价涨幅的逐渐平缓进入相对平稳的轨道。但房价依旧是2020年全年的热点民生议题，相比于2019年，尽管搜索指数同比下降9%，但是仍以高达2 354的整体日均值位于十二大民生议题的前三位。

人群画像数据显示，90后是对房价最关注的群体。在所有搜索"房价"关键词的关注人群中，90后占据45.6%的比例，远超过90后在全网群体分布中33.7%的占比。然后是80后，搜索占比36.3%。从性别构成来看，男性远比女性更关注"房价"，在所有搜索"房价"关键词的关注人群中，男性占比高达73.3%，是女性占比（26.8%）的约2.7倍，这可能与中国社会对男性承担购房责任的传统看法有关。

（三）教育议题持续保持热点状态，90后更关注"考研"，80后更关注"小升初"，女性更关注教育

新冠疫情没有冲击网民对教育议题的一贯关注，教育议题的搜索指数整体日均值（1 876）依旧排在民生议题前列，同比上涨1%，与往年基本保持在同一关注水平，是除了脱贫攻坚、通货膨胀、房价外，受关注度最高的民生议题。

人群画像数据显示，90后在所有"教育"关键词搜索人群中占比最高，达39.8%。对教育相关议题的分类搜索数据显示，不同代际群体对教育议题的关注也有区别。90后最关注"考研"，相关搜索占全年龄段人群的七成；80后最关注"小升初"，相关搜索占全年龄段人群的55%，可谓"一代人有一代人的教育议题"。90后在求职竞争激烈、同辈普遍"内卷"的情况下，渴望通过考研提升学历和个人竞争力。80后大多数已经为人父母，希望为子女的教育发展做出更多努力。同时，性别构成的相关数据显示，女性更关注"教育"议题。在所有搜索"教育"关键词的关注人群中，女性占据了58%的比例。特别是对于"小升初"议题，女性在该关键词搜索中占比60%，这可能与女性一般在家庭教育中承担更多工作有关。

（四）外资、外贸关注热度提升，80后、90后成为关注主力军

2018年7月，中央经济工作会议首次提出"六稳"方针，其中包括稳外资和稳外贸。2020年8月，国务院办公厅印发《关于进一步做好稳外贸稳外资工作的意见》，提出要做好"六稳"工作、落实"六保"任务，进一步加强稳外贸、稳外资工作，稳住外贸主体，稳住产业链供应链。"外资+外贸"关键词2018年7月以来的百度搜索指数数据显示，新冠疫情暴发以来，外资、外贸再

次成为网民关注的热点议题，达到"稳外资、稳外贸"概念提出后的高点。1月20日至3月31日期间，"外资+外贸"搜索指数达到1 420，同比上涨4%，环比上涨17%，此后始终处于较高水平，且显著高于2019年。

人群画像数据显示，80后和90后最关注此议题，在所有搜索"外资""外贸"关键词的关注人群中，占比分别为39.2%和40.3%，这可能与这两个群体在外贸企业和相关产业发展工作中为中坚力量有关。

（五）医疗议题关注度稳定，"看病难""看病贵"关注度下降

数据显示，医疗议题的搜索指数基本稳定在2019年同期水平。在新冠疫情暴发的大背景下，搜索指数呈现稳定态势，难能可贵，说明在疫情防控有序推进的情况下，我国整体上没有出现大范围医疗资源挤兑情况。此外，通过对比发现，在医疗议题基本热度稳定的情况下，"看病难""看病贵"等关键词搜索同比分别下降13%和21%，这一较大的降幅显示出网民对这两个议题的关注度下降。"十三五"期间，我国在解决"看病难"方面，主要促进优质医疗资源下沉和均衡配置的工作；在缓解"看病贵"方面，着力以降低药价为突破口，实施三医联动。相关搜索热度的下降可能表明，一系列医疗改革举措取得了不错的成效。"十四五"期间继续深化医疗改革，将进一步解决好群众"看病难""看病贵"的民生热点问题。

人群画像数据显示，90后最关注医疗议题。在所有搜索该关键词的人群中，90后群体占比46.4%，位列第一。相比之下，60后在占全网群体分布6%的情况下，对医疗议题的搜索占比仅为3.6%，显示出较低的关注度。

（六）疫情冲击就业市场，就业/失业相关搜索随疫情波动

受疫情影响，就业方面的相关搜索指数全年呈现波动态势。从国际形势来看，新冠疫情仍在蔓延，主要经济体疫情防控不利使得经济形势仍不明朗。从国内来看，中国疫情防控处于"外防输入、内防反弹"的常态化防控中，"稳增长、保就业"存在压力。数据显示，就业/失业议题的搜索指数与2019年同期相比均呈现上升趋势，其中"就业"搜索同比上涨22%，"失业"搜索同比上涨40%。尤其是2020年4月至6月，相关议题呈现出多段搜索高峰。随着7月之后国内疫情得到有效控制，国民生产生活恢复正常秩序，失业搜索指数持续回落。国家统计局相关数据显示，2020年全年城镇新增就业1 186万人，高于900万人以上的预期目标，完成全年就业目标的131.8%。12月份，全国城镇调查失业率为5.2%，与上一年同期持平。随着国民经济运行稳定恢复，稳就业、保民生成果显著，就业/失业议题的相关搜索稳步下降。

人群画像数据显示，最关注就业议题的是90后、00后群体：90后在所有搜索"就业"相关议题的人群中占比超过45%；00后在仅占全网群体分布10.5%的情况下，对就业议题的搜索占比达到22%，亦显示出远超其他议题的关注热度。

（七）养老议题搜索热度下降，养老成为90后、80后的新关注热点

养老议题的关键词搜索热度下降，全年搜索指数的日均值为589，同比下降18%。相关议题的搜索指数较为稳定，受疫情影响有限。

人群画像数据显示，90后是最关注养老议题的群体，在所有搜索养老的人群中占比39%，其次是80后，占比35%。事实上，90后考虑养老问题已经成为社会普遍现象。作为独生子女一代，90后不仅在考虑父母一辈乃至祖父母一辈的养老问题，也开始为自己的养老问题筹划。90后期望退休后有完善的医疗服务、良好的居住环境和服务设施。在婚恋、工作、买房等"生活目标"之外，养老也成为90后新的关注热点。

第三节 新冠疫情与社会心态变迁

伴随新冠疫情席卷全球，社会舆论风起云涌，其密度之大、参与度之高、言辞之烈，都是近年来罕见。从钟南山定性新冠病毒人传人、武汉病毒所风波、谴责湖北地方政府官员、世界卫生组织宣布全球突发公共卫生事件，到中西方制度优势论战等等，其走势深刻影响了社会各大关键群体心态的变迁，成为近年来影响最深最广的底线型社会心态舆情事件，全面反映出社会心态和舆

论生态的剧烈变化。笔者动态追踪"财经""财新""三联生活周刊""冰点周刊""人物""在人间living""凤凰网工作室""GQ报道""谷雨实验室—腾讯新闻""剥洋葱people（新京报深度报道部）""新京报""北青深一度""南方周末""南方人物周刊""南都周刊""大象公会"等20余个疫情发展过程中最具影响力的深度调查报道平台，对其发布的所有深度报道文章在微信公众号、App主站及转发号中的全样本网民评论及点赞数，每隔三天进行动态收集统计，辅以大量人工阅读分析，形成本节内容。

一、新冠疫情与社会心态变化的四个基本阶段

第一阶段：从春节到1月底，主要社会心态是不安全感激增，针对病毒及其传播的不确定性、物资匮乏等状况的恐慌无措、焦虑无助，对更权威、更高质量、更透明的信息公开有迫切需要。

第二阶段：1月31日到2月中旬，伴随世界卫生组织宣布中国新型冠状病毒疫情构成国际关注的突发公共卫生事件和抗击新冠疫情战线的拉长，社会关注焦点开始集中到各级政府部门的应对、处置问题上，社会心态突出表现为愤怒、问责，群众对地方政府的信任感削弱了，对政府部门快速、正面回应社会关切的要求空前高涨，包括对疫情瞒报问题的追责，对湖北省、武汉市、黄冈市相关领导能力、态度的愤怒、失望，对谁担责任谁"甩锅"、红十字会低效甚至组织干部任命等各个环节的讨论等。这一阶段，网络上的负面社会心态到达顶点。网民"愤慨""泪目""痛心"，要求相关部门"反思"，成为这一阶段的普遍社会情绪。

第三阶段：2月中下旬，随着确诊人数开始下降，治愈人数开始上升，公众对战胜新冠疫情的信心与日俱增。同时，持久战中的其他社会需求凸显，社会心态更趋复杂化，涉及医疗、复工、开学、就业、经济、民生保障等各种问题的不确定性社会心态持续增加。这一阶段的社会心态，就像《冰点周刊》2020年2月发布的《一家八口感染之后》一文评论区中的最高赞评论，"舒了一口气，希望每个家庭都能幸运平安地度过这段时间"。民众开始感觉到，胜利

就在眼前。该阶段社会心态既表现出对战胜新冠疫情的希望,对一线医务工作者和其他为抗疫工作付出努力的平凡人物的敬意;也出现了对媒体过度报道女性奉献和老人倾囊式捐款的不满;还出现了对复工的争议,一方面担心复工后带来大量感染问题,另一方面担心无法复工带来生计压力问题;也有对基层政府官僚作风、不作为行为的鄙弃。

第四阶段:3月份以来,全国新冠疫情得到基本控制,国外新冠疫情大范围暴发,民众安全感和民众对政府的正面态度大幅提升。这一阶段社会心态在发生显著的变化,对我国抗疫实效的认可以及对他国政府不作为的指责,均表达出网民对国家抗疫工作有了更深刻的理解。

二、新冠疫情与社会心态新变化的主要面向

综合来看,本次新冠疫情对社会心态的冲击是巨大的,提升了人民群众对"国家"与"个人"命运的关系的感知。在大灾大难面前,老百姓深深感受到国家命运、地方命运、家庭命运和个人命运紧紧联系在一起,认真思考个人与国家之间的关系。网络上占大量比例的沉默派、冷漠族、"酱油众",在这次新冠疫情中都有社会心态、社会表达方面的重大变化,包括对中国政府救治工作成效的态度,对日本、美国、英国、意大利等国家的态度,对中国与西方国家制度优越性的比较等等。相关变化均包含着正向与负向两个维度,表现出若干贯穿始终的变化趋势。

第一,在疫情发展的不同阶段,人民群众对地方政府和干部队伍的"认同感"出现分化,处在持续变化中。网络上的一张波线图直观地反映了人民群众的社会心态呈现波动状态,在称赞与贬斥之间不断转换。这种社会心态的变化集中在两个方面:一方面,是对新冠疫情中,国家集中力量办大事,统一部署、统一调度的状态,与西方国家一盘散沙的状态相比,中国的制度优越性凸显;但另一方面,新冠疫情暴发初期,湖北省相关官员对新冠疫情处置不当,造成国家灾难,引发社会反思。

第二,人民群众的"信任感"出现变化,对专业人士权威性的认可引发了

公共事务话语权的转移。这种社会心态的变化集中表现在三个方面：一是以钟南山、张文宏为代表的医学专家，有专业水准、有眼光、讲真话，被老百姓追捧；二是以《财新》《三联生活周刊》《人物》等媒体为代表的机构媒体，赢得了社会尊重，网民用前所未有的付费阅读行动表达他们的信任和对专业媒体有社会担当的支持与鼓励；三是以韩红、"姐妹战役""饭圈女孩"为代表的民间慈善人物、慈善行动及爱心人士，以其社会责任感和组织动员力赢得了人民群众的信任。

第三，人民群众应急状态下对返璞归真的呼唤引发了传统宣传话语系统的转变。在突发重大事件中，网民厌倦了官话、套话、大话，呼唤真话、真实、真情。人民群众对上海华山医院张文宏医生的追捧特别体现了对务实、质朴的话语系统的喜爱，对形式主义的反感。传统宣传话语系统中假、大、空的弊病在这次新冠疫情中被人民群众抛弃；讲真话、讲实话、有人情味的话语广为流传。网民喜欢张文宏，喜欢说"希望国家分配给我一个男朋友"的医护小姑娘，喜欢海南省省长在医疗队上飞机前的讲话没有一句空话，就说了"保护好自己"。抗疫期间，医护人员出征前剃光头的画面从正面宣传到形式主义历经一个明显的社会心态转向，社会态度从开始的温暖、感动与致敬，到各地纷纷模仿后产生反感情绪，引发不尊重女性的社会争议，其本质是对形式主义的抗议。网络表达的话语系统出现显著变化，网民表达不再躲躲闪闪，不再隐晦曲折，而是大胆直言，实话实说，立场鲜明，言辞犀利，连戏谑性言辞、借古讽今、"高级黑"等表达形式都大幅减少。

第四，对地方政府官员的思维方法的批评引发了改善党群关系的需求。人民群众在经历了重大冲击后开始反思谁养活谁、谁对谁负责、谁要对谁感恩等问题，特别是在中等收入群体中有广泛深入的诉求表达和社会心态转变。针对武汉市长让武汉人民"感恩"的言论，网络上掀起反对之声。

第五，受新冠疫情冲击，对生活追求的排序上，健康、家庭、亲情被放在了更重要的位置上，尊重自然、敬畏生命成为社会心态变化的重要方向。两个月来，人民百感交集，对平淡生活的怀念、对奋战在防疫一线的逆行者的致敬、对正常生活秩序的期盼、对脆弱生命的感悟，都已成为绝大多数中国人深刻的烙印。网民更加珍惜普通人能够好好活着的"普通生活"，更愿意努力让自己和家人过好。

　　笔者认为，新冠疫情将社会心态、意识形态、政治价值立场阵营的分化推向极端，网络上各种论争和舆论激战，是社会群体的撕裂，也是思想观念阵营的对抗。不同社会群体在新冠疫情下的社会心态特点显著不同，围绕新冠疫情所引发的一系列争论，立场鲜明，言辞激烈，其落脚点亦归到国家制度、社会体制等政治话语。对方方日记的争论涉及多元意见的自由表达，对要求"感恩"的争论涉及党群关系，对西方各国政府疫情处置方法的争论涉及文化、国家制度，等等。新冠疫情亦进一步将中等收入群体推向了网络表达的最前沿，曾经沉默的大多数人，在新冠疫情中成为活跃在各大网络信息平台中最值得关注的社会群体，其理性、建设性和强烈的权利保障意识愈加凸显。

第二章
网络热点议题演进
（2013—2018）

互联网为新兴社会概念、网络热点议题提供了更加便捷的传播渠道，也为我们的研究提供了更为便利的研究条件和更加丰富的数据资源。网络表达、网络舆论逐渐成为社会思想和社会观念的引导性力量，网民不仅延伸、重构了现实社会的思想观念，也使得政治概念的生产主体更趋丰富、意义更趋多元。当普通网民的网络表达能够被大量捕捉到，研究者能相对真实地收集资料，还原网民对相关政治概念的讨论视角和理解原貌，基于海量数据对相关网络议题展现的社会性意涵做出合理推断。

本章以"新时代""精准脱贫""重大风险"等中国特色政治议题为研究对象，挖掘党的"十八大"后六年间有关政治概念的网络文本，对微博场域下与"新时代""精准脱贫""重大风险"等概念高度相关的网络表达建构语料库并展开语义网分析，从普通网民的日常表达中挖掘政治概念的理论取向与社会性意涵，从而形成历时性的"网络镜像"。

本章的数据来源于 2013 年 1 月至 2018 年 6 月实时下载的新浪微博博文数据库。为了有效地反映网民对热点概念和网络议题的讨论维度以及变化趋势，本章以年份为分层标准，层内使用简单随机抽样原则获得 2.75 亿条微博博文。具体而言，第一，笔者筛选出所有含有该网络议题的博文作为语义网分析的语料库，并对所得博文进行分词和去停用词等预处理；第二，使用 Wordji 软件建构以词语为网络节点、词语对子共现频数为链接权重的加权社会网络，突出讨论的核心议题和视角；第三，对所得的语义网进行社群侦测分析，得到若干语义子网络；第四，通过检视构成子网络的词语以及词语间的共现关系，提取网民讨论网络议题的具体视角。在此基础上，结合文献与博文文本的质性分析，深入阐释子网络的内涵。

第一节 "新时代"的网络镜像及其社会性意涵

思想理论界关于"新时代"的论述和研究，以党的"十九大"召开为分界点，在时间跨度上形成了党的"十九大"召开前和党的"十九大"召开后两个阶段。党的"十九大"召开前，有关新时代的研究相对较少，多倾向于把新时代作为一种背景标签，未形成完整的研究体系，也未对"新时代"的理论意涵展开深入研究，从某种意义上说，"新时代"只是"当下"的同义词；党的"十九大"召开后，"习近平新时代中国特色社会主义思想"正式确立。习近平（2017）在《决胜全面建成小康社会 夺取新时代中国特色社会主义伟大胜利》中指出"中国特色社会主义进入了新时代"，新时代成为当前中国所处历史阶段的新定位，开始具有强烈的政治色彩和丰富的理论内涵。历史学、政治学、哲学等学科从不同角度解读"新时代"，主要围绕"新时代"的思想渊源、核心要义、丰富内涵、体系结构、重大意义、历史地位等展开，在意识形态顶层建设与政治话语体系中，形成了一大批理论成果。与其政治性意涵相对的是，"新时代"的社会性意涵同样值得关照，"新时代"不仅存在于抽象的理论概念中，更广泛存在于普通民众的日常实践中，反映了人民群众的真实意愿与日常生活体验，适应了中国和时代发展的进步要求，有着深厚的历史渊源和广泛的现实基础。深入研究、理解、归纳人民群众对党的历史性阶段定位的态度取向与关注维度，"自下而上"而非"自上而下"地对"新时代"展开阐释，是丰富、完善思想理论界对"新时代"的重大论断研究的必备环节，是从实践的层面对理论创新的重要支撑。遗憾的是，现有研究尚未在这一领域展开探索，对"新时代"的研究、研判、论证、阐述，更多地基于精英话语、学术脉络，缺少来自普通民众社会感知的研究面向。

本节依托2013—2018年这6年间随机抽取的2.75亿条微博博文，对与"新时代"概念高度相关的网络表达建构语料库并展开语义网分析，"自下而上"地挖掘网民对党的历史阶段定位的态度取向与关注维度，期冀从普通网民的日常表达中挖掘"新时代"的理论取向与社会性意涵。研究发现，"新时代"是创新的、国际化的、更加宜居的，拥有更全面的教育和更平等的性别关系；基于网民多元社会诉求的"新时代体验"反映了人民的时代需要和时代呼声，构成了区分"新时代"历史界限的重要标志；新时代的青年偶像是年轻的、热血的、爱国的且有社会担当的;"新青年"是"新时代"的重要语义社群,彰显了"新时代"内涵研究中被遮蔽的主体;"新时代"的网络镜像从2013年的"互联网新时代"走向2018年的"多元发展新时代",经历了从政治话语走向社会话语的过程。娱乐化对政治话语的影响,值得进一步研究。

一、历史的界限:基于多元社会诉求的"新时代体验"

党的"十九大"对党的"十八大"以来中国特色社会主义历史性成就和历史性变革的理论概括和提升,形成了习近平新时代中国特色社会主义思想,并将之确立为党必须长期坚持的指导思想(刘必好,刘怀玉,2018)。如何从理论上界定衡量新时代来临与否的标准、如何科学定位新时代的历史方位与历史界限,是思想理论界研究的重大问题。

党的"十九大"对"中国特色社会主义进入新时代"的判断,不应只是停留在表面的政治口号,而是需要遵循马克思主义基本原理,扎根中国客观实际,对时代的把握和对历史的深刻洞察。"我们现在走进的新时代,既不应该是改革开放之前那30年的'激情燃烧',也不是改革开放之后40年的'逆风飞扬',而是赋予更多的时代内涵,与中国的大国道路相吻合,满足伟大斗争、伟大工程、伟大事业、伟大梦想的诸多精神和政治元素。"(公方彬,2018)人民群众、各社会阶层对"新时代"具有的价值诉求和社会主张是其重要的组成部分,也是区分"新时代"之"新"的关键维度,构成了区分新时代历史界限的重要标志。在网络空间,这表现为一种基于多元社会诉求的"新时代体验"。

数据分析显示,2018年,"新时代"在微博场域中形成了两大语义社群。社群1主要涉及"多元发展的新时代诉求",网民在大量日常讨论中建构出新时代的多元社会主张:新时代是重要的历史机遇;是创新的时代;是国际化的时代;是更加注重人民生活品质的时代,人们会有更为宜居的城市、更加全面发展的教育和更为平等的性别关系。社群2主要涉及"新时代的青年担当"(将在本节第二部分详细阐述)。具体而言,2018年的社群1中出现了"历史""创新""教育""科技""城市""国际""女性"等热词,其中,"中国""社会""国家"等热词处于语义网的中心位置,与"美好""发展""建设"等热词关联紧密。结合博文质性分析发现,大量博文在讨论"新时代"时,是放在国家建设越来越好的语境中进行的。与此同时,网民心目中的新时代具有以下特点。

第一,新时代是重要的新历史机遇。"历史"一词频繁出现在关于新时代的社会发展的论述中,例如处于历史新时刻、翻开历史新篇章、把握历史新机遇、制定历史新政策等。

第二,新时代是创新的时代。"创新""原创"等词在社群1中十分突出。新时代的活动、科技、产业与品牌都是创新的,创新已经成为网民谈到"新时代"时避不开的要点。大量微博(包括活动、产业及品牌介绍等)以"创新"标榜自己在新时代的地位,如博文"新时代下贸易融资展望——新的经营环境为贸易融资发展提供新契机,新的科技手段为贸易融资创新提供新途径,新的风控理念为贸易融资保驾护航,国际贸易金融也会在机遇中御风而行,进入全新的发展阶段"(RYM-2018-06-29)。创新不仅仅是一个产品或一个公司的气质特征,更是新时代下中国的发展特色,象征了一种强国梦,如博文"《大国重器》《超级工程》《大国工匠》《创新中国》……近年来,越来越多讲述中国发展成长的纪录片陆续推出,展开了一幅幅描绘中国发展高度的精美画卷,让我们更好地了解了中国的崛起进程。……很庆幸生活在这个时代,这个时代属于每一个为理想而奋斗的人"(YJYTQ-2018-03-26)。

第三,新时代是国际化的时代。"国际"等热词意味着,新时代的中国不仅是一个不断创新、不断发展的国家,更是一个不断走向世界的国家,蕴含了一种与民族自豪感紧密联系的国际化水平和全球影响力,如博文"支持这类(创新)企业在境内发行上市,将有利于推动实体经济发展的质量变革、效率变革、动力变革,有利于增强境内市场国际化水平和全球影响力,提升境内上市公司质量,使境内投资者能够分享新时代经济发展成果"(PGL-2018-04-16)。

第四,新时代是更加注重人的生活品质的时代。博文质性分析发现,新时代由社会发展水平较低时注重生存,转向社会发展水平较高时注重生活质量。

在和生活质量相关的语义网络中,我们发现了三组网络讨论重心:一是新时代的城市,宜居程度更高。城市建设迈上新的台阶,城市变得更加美丽、更加智能、更加人性化、更加适合人们居住。二是新时代更加重视人的教育。从重视经济发展到重视教育和文化发展,新时代拓展了自身的建设方向。大量博文不仅讨论了教育的质量问题,也讨论了教育资源的分配公平问题以及孩子的减负问题等。三是独立女性登上新时代的历史舞台。以新时代一词形容自身,当代女性将自己和过去受到各种传统束缚的女性区分开来,依靠个人努力实现自己想要的美好生活,进而强调自身的独立个性。在广为流传的微博中,"新时代的女性,上得了厅堂,翻得了围墙,斗得了小三,打得了流氓,就是下不了厨房"。这条微博在肯定新时代女性的众多优势时,以调侃的语调否认了传统女性的"厨娘"形象。此外,在现有的语义网络中,"新时代""女性"和"公司"等词亦紧密关联,女性在商业领域/职场的地位成为重要的"新时代"评价指标,如博文"在三月八日'女神节'即将到来之际,让我们一起来感受下新时代中国女强人的魅力!数据统计显示,截至2018年3月7日,A股共有174家上市公司董事长为女性,占全部上市公司董事长总数的4.98%。其中上海主板有65家,深圳主板21家,中小板及创业板分别有50家、38家"(FCFD-2018-03-08)。

每个时代有每个时代的主题,新时代中国特色社会主义思想特别突出了党和国家全局工作中心的变化,突出了社会主要矛盾和党的历史使命的变化,要求积极适应人民群众更加多元的需求,关注人的全面发展和社会的全面进步。党的"十九大"召开后的语义网数据显示,网民在大量日常生活体验中提及"新时代",为"新时代"赋予了更为丰富多元的社会意涵。他们在大量价值诉求和社会主张中运用"新时代",涉及生活、工作、个人、社会、国家等广泛的日常化实践,在互联网空间表现为一种政治目标与生活体验兼具的社会存在。更重要的是,代表多元社会诉求的"新时代体验"承载了普通人对美好生活的新期待,反映了人民的时代需要和时代呼声。创新性、国际化与更高的生活品质代表了远远超出改革开放时代"奔小康"水平的全新社会诉求,即不再停留于对单纯物质文化生活的需求满足，而是拓展到对民主、法制、公平、正义、安全、环境等方面的发展需求，由此与当前社会经济发展的不充分、不平衡之间的矛盾构成了新时代中国社会的主要矛盾，决定了中国共产党全新的历史使命和奋斗目标。总之，"新时代"基于全新的社会诉求、社会体验，代表了一种更加多元、全面的国家发展与社会进步新目标。

二、时代的主体：把握"新青年"的"变"与"不变"

"新时代"的理论内涵研究，集中阐释了新时代的"新"与新时代的"变"，而要把握其中的精神，关键是要抓住"变"与"不变"两方面。已有研究文献显示，一方面，新时代是实现中华民族伟大复兴的中国梦的时代，"新"与"变"体现在国家的新使命、国内的新矛盾与国际新地位上。具体来说，"新时代"是建立在以中国特色社会主义阶段性成就为标志的历史实践基础上的，国家的发展目标从"建设社会主义现代化国家"变成了"建设社会主义现代化强国"，从经济维度的提升转向包含政治、文化、社会、生态与党建等多重维度（张明，尚庆飞，2018）；人民的社会诉求更加多元、丰富，社会主要矛盾出现重大转变；中国日益走进世界舞台中央，为构建人类命运共同体贡献中国智慧。另一方面，"不变"的是，中国仍处于社会主义初级阶段的基本国情、中国坚持社会主义道路的发展方向以及中国共产党的领导地位。具体来说，社会主要矛盾的变化没有改变我国仍处于社会主义初级阶段的基本国情，没有改变我国仍然是世界上最大发展中国家的客观事实；"新时代"与之前的时代紧密相连，"这是中国人民迎来发展中国特色社会主义的新时代，而不是迎来别的什么新时代；这是新时代的中国特色社会主义，而不是新时代别的什么主义"（习近平，2019）；不管是革命、建设还是改革，中国之所以能够取得成功，根本原因在于中国共产党的领导，因而"新时代"仍是中国共产党带领中华民族不断前进的新征程（陈江生，张滔，2018）。

在政治学、哲学、历史学推进"新时代"内涵研究的同时，我们从网络镜像中，发现了一个被遮蔽的社会意涵：2016年、2017年、2018年，也就是党的"十九大"召开前后连续三年，有关青年偶像品格、青年社会担当的语义群持续占据"新时代"语义网络的重要位置，这意味着，青年偶像品格、青年社会担当是"新时代"的重要语义社群之一，青年的优秀品质，成为中国时代进步的重要标志；"新时代"与"新青年"的关系，是中国特色社会主义需要高度重视的社会关系；"新时代青年"，是新时代中国特色社会主义思想内涵研究中重要的时代主体。

数据分析显示，2018年，"新时代"在微博场域中形成了两大语义社群，其中，社群2主要涉及新时代的青年担当，出现了TFBOYS、鹿晗、杨洋、蔡徐坤等众多流量明星，以及"青年""祖国""奋斗""担当""热血"等热词。

一方面，明星的名字在"新时代"语义网中处于突出位置，主要是因为明星以新时代的青年榜样自居。"奋斗新时代 出彩新青年""新时代青年说"等标签，往往是明星群体最喜爱的关联标签，在网民中也有相当高的认可度和接受度。如王源的粉丝群体在宣传王源的网络视频时，频繁推出"新时代新青年，和王源一起变成有能力有本领有担当的新时代青年，为中华民族伟大复兴梦注入青年新力量@TFBOYS-王源"（CBJ-2018-05-30）等表达。鹿晗的粉丝亦将自己视为新时代的粉丝，有着新时代的青年气象，如博文"鹿晗粉丝真的不是开玩笑的，素质超好，看一下一巡过后的鹿晗演唱会现场，干干净净，新时代的粉丝标杆"（NDL-2018-09-17）。

另一方面，质性分析发现，网民利用"新时代"的概念肯定明星群体的正能量，也在海量网络表达中建构出广大群众普遍认可的新时代青年榜样的优秀品质。"年轻""不忘初心""奋斗""公益""阳光""热血""活力"等热词在2018年语义网中频繁出现。

首先，"年轻"是重要的品质。正是因为年轻，才衬得起新时代一词。年轻人无所畏惧，不会固守于"旧时代"的常规，因此是充满活力的。如一个广为传播的标签"年轻创未来，奋斗新时代"，意味着年轻的可能性，代表着有为的空间，也代表着阳光和活力。

其次，新时代的青年是努力奋斗的，在追逐理想时是充满热血的。"热血青

春，踏实奋进，追逐梦想，一往无前。筑梦新时代，不负好时光！"（XMY-2018-04-30）

再次，新时代的青年是爱国的。语义网中多次出现"不忘初心""祖国""红旗飘飘"等热词，可见新时代青年的热血应该和中华民族的未来紧密结合起来。

最后，新时代的青年是充满社会责任感、有社会担当的。明星群体开展的公益事业，最符合网民对于其社会责任感的想象。热衷公益、德艺双馨是网民普遍认可的青年偶像特征。

一代人有一代人的使命。深刻把握新时代的显著特征，也要深刻理解国家新使命背后的历史主体。近几年，国家领导同志多次在与青年群体的交流座谈中，谈及青年担当，其核心是在新时代国家建设和新时代民族复兴的大背景下，鼓励当代青年勇立时代潮头，担负时代责任。数据分析显示，新时代与新青年已成为网络空间中重要的语义网络，这一社会性意涵兼具"变"与"不变"的双重特质。"变"的是，中国经历了三代主要建设者，从40后、50后，到60后、70后，再到如今的80后、90后甚至00后，每一代中国青年以其独有的特质为中国"站起来""富起来""强起来"贡献了不同的力量，其自身也打上了标志性的时代烙印。"不变"的是，新时代的青年永远是推动社会进步的主力军；新时代的青年始终"年轻""爱国""奋斗""热血"，是中国特色社会主义事业不断前进的力量。

三、演进的逻辑：从"政治话语"走向"社会话语"

长期以来，有关"新时代"的理论研究多将新时代作为一个整体的历史阶段加以研究，而忽视了这一特定时代内部的异质性和演进过程。换句话说，"新时代"之"新"是一个重要的研究面向；"新时代"自身的内部特征、演进趋势是另一个重要的研究面向。网络镜像为我们理解"新时代"从政治话语扩散到社会话语的过程提供了良好的经验基础。笔者基于2016年、2017年、2018年的"新时代"语义网络展开年份比较，以探寻其社会性意涵背后的演进趋势。

除去微博营销类广告类语义社群，2016年，"新时代"一词形成了两个语义社群：社群1涉及"党领导下的新时代"，社群2涉及"青年奋斗的新时代"。具体而言，社群1集中出现了"中国""建设"等热词，相关博文与在党的领导下完成中华民族伟大复兴有关。社群2集中出现了"偶像""青春""奋斗""梦想"等热词，如前文所述，新时代的青年榜样自2016年开始成为"新时代"语义网络的重要面向。2017年，"新时代"一词形成了两个语义社群：社群1涉及党的"'十九大'引领人民走向新时代"，社群2涉及"青年奋斗的新时代"。具体而言，社群1集中出现了"中国共产党""十九（大）"等关键词，聚焦党的"十九大"相关新闻与会议报告，是政治性、政策性很强的语义社群。"新时代"作为强势的官方话语，在党的"十九大"宣传中被广泛使用，也在微博博文中被广泛提及。社群2与2016年的社群2类似，主要围绕新时代青年偶像、青年担当、青年奋斗建构话语。2018年，"新时代"一词也形成了两大语义社群：社群1涉及"多元发展的新时代"，网民在大量日常讨论中建构出新时代的多元社会主张；社群2仍然涉及"新时代的青年担当"。

基于语义网年份比较的研究发现，"新时代"在微博场域呈现出重要的演进趋势：从政治话语走向全面社会化。2018年以前，每一年的语义网络中均有一个社群与政治高度相关：2016年的"党的领导"、2017年的党的"'十九大'宣传话语"等。但在2018年，政治性话语未能形成单独的语义社群。我们发现，国家的政治话语逐渐与海量的网民日常化表达融合，"新时代"的社会性意涵愈加丰富、多元，如宜居的城市、独立的女性等，人们开始从社会进步的角度讨论新时代，其背后反映的是对美好生活提出了更高要求，形成了"新时代"政治概念的另一个面向，即独特的社会语境。

在这一全面社会化的过程中，明星、网民和大众传播平台展开了三方互动，对"新时代"从政治话语扩散为社会话语起到了关键推动作用。大众传播平台为明星群体赋予了新时代的特征，希望通过明星效应宣传新时代精神和新时代话语；而网民以"新时代"为特质认同青年榜样，并以此为正能量广泛传播。这是为什么近三年的语义社群中有大量和大众传播平台有关的热词，如

"卫视""央视春晚""综艺""频道"等。2018年春节联欢晚会，某位歌手演唱的歌曲《赞赞新时代》引发微博热议，此后，"春晚赞赞新时代"的标签被广泛转发；湖南卫视公益广告以"新时代"为中心进行宣传，突出新时代青年榜样；央视的五四青年晚会主题为"筑梦新时代"，邀请明星演出时有意突出新时代青年的时代担当和爱国精神。在大众传播平台的渲染下，"新时代"一词成为网民热衷使用的一大流量标签。

值得注意的是，在"新时代"，在政治话语转向社会话语的过程中，大众传播平台有意将明星和新时代政治宣传结合起来，亦可能导致泛娱乐化使用日益增多，政治话语被娱乐话语淹没的现象。娱乐化的"新时代"在海量的网络刷屏中，一方面宣传了官方精神，另一方面相对弱化了"新时代"的政治性意涵。以明星群体为中介进行的新时代宣传，可能因为娱乐化而导致去政治化。泛娱乐化对政治话语会产生怎样的社会影响，值得未来进一步研究。

第二节 精准扶贫：从战略到实践

我国的扶贫事业始于20世纪80年代中期，通过不懈努力，取得了举世公认的成就。但是长期以来，贫困居民底数不清、情况不明以及扶贫资金和项目指向不准等问题也阻碍了中国脱贫工作的发展。基于此，2013年11月，国家领导同志在湖南湘西考察时首次做出"实事求是、因地制宜、分类指导、精准扶贫"的指示；2014年3月两会期间，进一步强调要实施精准扶贫，瞄准扶贫对象，进行重点施策，进一步阐释了精准扶贫理念。随后，国务院扶贫办制定了《建立精准扶贫工作机制实施方案》，在全国推行精准扶贫工作，精准扶贫理念成为我国扶贫工作的主要指导思想。中共中央与国务院、各部门出台了一系列扶贫文件，将精准扶贫作为三大攻坚战之一、"十三五"规划的重要目标，确保2020年如期脱贫。

作为党的"十八大"以来的一项重要国家决策，精准扶贫如今已成为政治生活与社会工作的一项重要内容,也成为各界热议的关键词。2013年以来,中国网民对于精准扶贫如何认知?相关网络讨论有着怎样的变迁,是否达成了共识?精准扶贫在历时性的演进中发展出怎样的变化趋势?本节对2013年、2016年、2017年、2018年"精准扶贫"(包括同义关键词"精准脱贫")在新浪微博上的舆论高频词及语义网络展开研究。研究发现:网民对于精准扶贫议题的感知经历了政策起步期、模式探索期、重心深入期、精准攻坚期四个阶段。从宏观国家战略到具体实践落实的过程中,精准扶贫议题表现出从国家推动到社会参与,从单一主体到多元协同,从被动接受到主动应援的历时性演进特征。随着战略层面的不断深入,网民对于精准扶贫的讨论更多围绕着"精准"展开,讨论的内容具有务实性与时效性。精准扶贫的动员渠道亦不断扩大,从基层治理扩大到联合企业,再扩大到媒体动员,总体呈现越来越有活力的趋势。

一、精准扶贫的语义网络演进(2013—2018)

2013年,精准扶贫政策起步期:语义网所组成的4个社群均落在精准扶贫政策"是什么""为什么""怎么做""指导原则是什么"的相关解读上。社群1聚焦于"怎么做",核心是"做实",并以"好高骛远"作为一个方面来突出强调一定要"实事求是"。社群2聚焦于"是什么",突出在精准扶贫的过程中,应把握住"一件件"循序渐进的原则,强调各级党委的主要责任,想方设法探索可复制的解决现实贫困问题的方法。社群3聚焦于"为什么",即精准扶贫的出台背景,特别强调"切忌喊大口号"。社群4强调了指导原则,即"因地制宜""分类指导""精准扶贫"等原则性方针。

2016年,精准扶贫模式探索期:语义网所组成的3个社群分别聚焦于最新政策、结对帮扶模式和具体地区探讨。社群1关注国家领导同志关于精准扶贫的最新重要指示,这一社群与两会传达的精神密切相关。实现精准脱贫,应该深入基层,近距离了解贫困户的真实情况。社群2中"大方"与"恒大"等共词高度融合,源于恒大—大方结对帮扶在社会引发强烈反响,企业结对帮扶、资金投入成为企业践行社会责任的重要途径。社群3中"文县""徽县""康县"

等地区被重点关注,"产业""电商""旅游"等成为重点扶贫模式。

2017年,精准扶贫重心深入期:精准扶贫语义网的重心下沉到农村与困难群众。社群1中的"走访""调研"等节点反映出对贫困户的具体困难情况的收集,"组织领导""政府""第一书记"等节点显示出扶贫基层组织责任的落实,获得了基层及微博用户的正面评价。社群2和社群3关注精准扶贫政策中的创新点,其中社群2关注以光伏企业为代表的企业与重点区县结对帮扶的措施所取得的初步成效,社群3则关注文化旅游教育在精准脱贫中应发挥主要作用。社群4显示,在精准扶贫过程中,慈善捐赠活动成为人们关注的新热点。社群5代表一些与精准扶贫有关的政策文件的相关内容,核心是中央对于精准扶贫的决心和"攻坚"的态度,同时,"检察官"显示对扶贫监察的认同。

2018年,精准扶贫精准攻坚期:媒体、影视明星的介入为精准扶贫带来新动力,网民多有为扶贫攻坚加油呐喊之声,贫困地区的青年教育得到高度关注。社群1聚焦在"卫视""节目""公益"上,可以看出更加多样的宣传手段开始介入精准扶贫工作。社群2也可以被视为与传播相关的主题,"时代""加油""青年"等都是近年来媒体节目中经常出现的概念,"应援"成为概念关键词新秀。社群3重点落在精准扶贫政策体系上,多为政府部门的微博号发布的政策解读以及相关扶贫活动的信息,视野比较宏观,能够看出文化、就业、教育、生活、农村、乡村振兴等比较集中的小社群。社群4则讨论具体措施的落实,聚焦在"精准"上,既有国家层面的精准扶贫政策,又有精准扶贫的具体"落实"路径,产生了"产业""活动""贫困户""项目""爱心"等清晰化途径,同时也能看到"新闻"为一个重要的关键词,显示出在推进精准扶贫政策实施过程中,国家、企业、地方政府部门对于宣传氛围的重视。

二、精准扶贫议题演进的主要趋势:从国家推动到社会参与,从单一主体到多元协同,从被动接受到主动应援

精准扶贫关注度不断提升,社会参与度不断提高,宏观政策概念意涵减弱。对比2013年至2018年的精准扶贫语义网,可以发现2013年的精准扶贫处于

政策的筹备起步期，相关分词文本整体较少，四个分社群均围绕着政策本身展开，具体微博热议关键词多聚焦在"现实""口号""目标""指导"等对精准扶贫宏观政策的解读上，话语具有明显的官方色彩，网民态度表现出极大的期待与憧憬，如博文直接转载了国家领导同志谈扶贫的原话："我们抓扶贫的时候，切忌喊大口号，不要订那些好高骛远的目标，就是要实事求是、因地制宜、分类指导、精准扶贫。贫困村，应该得到什么保障，就要切实保障起来。我想，我们现在到2020年以前，把这些事情做实就行。"（XLSP-2013-11-05）有博主用自己的话语概述了自己对扶贫的看法："领导人在与村民座谈时表示，扶贫要实事求是、因地制宜……他要求，把现实问题一件件解决，探索可复制的经验。很正确的论点。"（KS-2013-11-05）网民评论"越来越接地气""没有官腔""靠谱"反映出对政策的支持与期待。而2016年、2017年、2018年以来，每一年只有一个社群仍围绕政策战略层面展开，如2016年聚焦于"两会"，关注党的"十八大"、两会上的重要指示；2017年突出党的"十九大""攻坚战""扶贫开发"等新提法；2018年强调"乡村振兴"等配套中央政策，为精准扶贫提供更大行政力量和政策支持。

精准扶贫的多方协同参与局面逐步形成，各方自发重塑了扶贫新理念。具体来看，从基层治理扩大到联合企业，再扩大到媒体动员，其发展总体呈现越来越有活力的趋势。2016年，精准扶贫的参与主体聚焦在企业上，以"恒大—大方"为代表的企业与重点区县结对帮扶模式得到极大关注，企业开始成为精准扶贫议题的重要定义者和推动者，精准扶贫亦成为企业品牌宣传的重要路径；2017年，精准扶贫更多地与慈善、爱心、公益等结合在一起，扶贫模式进一步拓展；2018年，"青年""艺人""大使"等成为关键词，青年学生、演艺明星等多方力量参与，使得各方协同参与的局面逐步形成。

精准扶贫走向民间主动应援，明星公益扶贫效果受到网民热赞，影视艺人成扶贫力量尖兵。2018年的语义网络显示，一方面，"节目""卫视""艺人"成为核心关键词，另一方面，"太阳""加油""能量""时代"等成为内容关键词，而"行动""应援"则体现了网民的内心感触与行为愿望，网民通过一点一滴的生活小事关注精准扶贫,并与美好生活、新时代勾连,以自己的方式行动、奉献、应援,传播扶贫中的正能量,希望早日实现扶贫助困的美好愿望。如博文写道:"[心][心][心]希望可以走好每一步,文艺工作者与国家脱贫事业结合,国家在进步,从最初的粗放到现在的精准,从之前的输血到现在的造血,从之前的单一形式到现在的多种多样,国家的扶贫事业越做越好,期待2020年全面建成小康社会的那一天。"(QSJZHDHKCZ-2018-10-17)

第三节 "重大风险"的多元分化、文化转向与全球联动

本节基于2.75亿条新浪微博博文中的关键词及语义网的研究,对2013年、2016年、2017年、2018年4个年份有关"重大风险"的网络议题进行了大数据分析,并辅以博文定位与大量质性研究以更加准确地解读数据结果。研究发现:总体来看,网络上对"重大风险"的讨论日益复杂化,在"重大风险"关键词下的次生语义网络内涵多元;金融风险议题始终受到高度关注,负面态度较多;房产风险最易催生广泛讨论,网民戏谑化解构压力;文化价值观类风险、全球联动风险从2017年开始受到关注;与腐败、党群关系密切相关的政治风险探讨走高。

一、"重大风险"的语义网络演进(2013—2018)

2013年,"重大风险"在微博场域中共形成了5个语义社群,主要聚焦于与金融、房产和食品安全相关的风险问题。具体来说,社群1主要涉及与"茅台"和"酒窖"有关的国内产业风险问题;社群2主要涉及经济改革政策可能催生市场不确定性和股市风险;社群3和社群4主要关注与房产相关的风险问题,包括房产税政策、多套房购置、城市空置房及住房政策的管理及房价高企等问题;社群5主要关注食品安全问题,聚焦于与转基因相关的论辩。

2016年,"重大风险"在微博场域中共形成了4个语义社群,主要聚焦于

金融机构风险事件以及与高房价、"购房热"有关的房地产风险。具体来说，社群 1 涉及基金风险；社群 2 涉及商业银行票据风险；社群 3 与社群 4 主要讨论应对金融风险、房产风险的行政手段。

2017 年，"重大风险"在微博场域中共形成了 9 个语义社群，风险议题具有明显的多元分化趋势，基于文化价值观引起的风险冲突开始出现，全球联动风险进入网民视野，"贪污腐败"等政治风险也首次进入核心语义网。与之前的年份相比，2017 年的语义网中与政策管控相关的话题逐渐远离了金融与经济领域，转而关注人民群众具体生活中的问题。具体来说，社群 1 关注污染问题和精准扶贫；社群 2 讨论乡村振兴问题；社群 3 仍然关注金融杠杆带来的风险问题；社群 4 关注股市风险；社群 5 关注全球油价波动及其对相关市场的影响；社群 6 关注文化价值观问题，主要围绕食用狗肉问题论辩，这是第一个基于价值和道德评判产生的"风险"议题；社群 7 关注"贪污腐败"的政治风险，这在历年的语义网中属于首次出现；社群 8 主要涉及政策纲领性文件中对于整治风险的决心，属于政策话语语义群；社群 9 关注社会治安风险。

2018 年，"重大风险"在微博场域中共形成了 6 个语义社群，金融风险仍被持续关注，对于反腐及党群关系的讨论较 2017 年有所增加，政治风险探讨走高。具体而言，社群 1 关注证券交易过程中的风险管控问题；社群 2 主要批判金融监管问题；社群 3 关注与企业上市相关风险管控的配套制度建设；社群 4 主要关注党群关系风险；社群 5 关注党内贪污腐败问题；社群 6 聚焦于污染及精准脱贫等民生议题，关注这些重大举措中的风险防范。

二、经济金融风险始终受到关注，网民对此多持负面态度

纵观 2013 年至 2018 年的重大风险相关语义网，可知经济金融议题每年均受到高度关注，且有时包含多个次生语义网。整体而言，关于金融风险探讨的基本逻辑是"当前面临的风险问题—分析—市场预期—普遍情绪"。由于近些年有关金融风险的负面事件频出，网民对金融风险较易产生负面情绪。

2013 年关于金融风险的语义网中有两个社群子网，分别探讨与"茅台"

"经济"有关的风险问题。通过定位微博原文及同期舆论事件可以看出,"茅台"社群关注茅台酒价格的泡沫问题,反映出网民对产业风险的关注,而"系统性""毁灭性"等热词显示出网民对金融市场的担忧;"经济"社群则聚焦于经济改革的一揽子举措。通过定位微博原文发现,"大跌""恐慌"等热词显示了网民对经济改革持相对消极的态度。

2016年的经济金融风险语义网与投资圈的基金风险内幕及银行爆出的票据风险案有关,如博文"【风险频发,监管不断……票据业务何去何从?】被称为安全系数最高的业务之一的票据业务,今年以来风险事件却在频频发生……事实上,票据风险几乎每年都有,其业务风险主要发生在开票或贴现环节"(HZNPWXDZL-2016-08-11)。相关事件的外延讨论会涉及应对这些金融风险的行政手段与政策,网民呼吁经济新常态下积极应对金融风险,关注经济金融风险治理的各类纲领性文件等。

2017年经济和金融的相关风险的语义网中,网民关注金融杠杆带来的风险问题,指出这一趋势可能给金融系统带来负面影响,同时也关注股市中的不稳定因素。而2018年最显眼的风险内容仍然是金融风险及与之相应的管制措施,既有关注证券交易过程中的风险管控问题的语义社群,也有批评金融监管缺失的语义社群,还有涉及企业上市相关风险管控的配套制度建设的社群,论证逻辑以"问题—加强管理—配套体系"为主,表达出网民对国家监管与政策落实的期待。

三、房产风险最易催生广泛讨论,网民对此戏谑化解构

纵观2013年至2018年的重大风险相关语义网,可以发现最易催生广泛讨论的议题是与房产和食品安全相关的风险议题。对于房产风险的探讨,多聚焦于对高房价压力的调侃、对抢房大潮的追捧、房产税政策的出台,分析多侧重于房价高企给民众生活带来的困难等。对于食品安全问题,网络上存在着两大阵营,主要是支持转基因和反对转基因。

2013年关于房产风险的语义网中,网民关注与房产购置相关的宏观方面的

一系列风险问题,核心是"索罗斯""投资"等热词。通过定位原始微博文本发现,这一讨论源于著名投资大师索罗斯在我国香港特别行政区接受记者专访时提到,中国一些民众购入多套房产作为投资,造成大量房屋空置,现在入市投资将承担重大风险,并认为征收房产税是解决房价高的有效方法。网民对此多持认同的态度,认为中国楼市是国人不得不参与的赌局,投资中国楼市风险很大。如有博文写道:"【楼市是国人不得不参与的赌局】就在国人依然热衷于房产投资之时,近来国际投资大师纷纷表示投资中国楼市风险很大。如果拿这样的投资回报率与巴菲特、索罗斯这样的国际投资大师的相比,他们无疑远远跑输于中国房产投资者。"(YDFR-2013-06-01)2016年关于房产风险的语义网讨论则主要聚焦于房地产市场成本上升与用子女名义购房可能面临的风险,内容多聚焦于购房成本的上升与房产证写子女名等的风险问题。因为房产风险与普通民众利益息息相关,易催生广泛讨论。

四、文化价值观类风险受到关注,易引发网民价值冲突

2017年的"重大风险"语义网最为多元,共涉及9个语义社群,其中一个尤为突出的社群是关于狗类交易和食用狗肉的讨论,涉及民族文化的深层价值观风险探讨。微博热议由印尼明星拍摄的一个抵制吃狗肉和狗肉交易的宣传片,揭示了数以百万的狗被偷走、被残忍宰杀的经过。一方面,从"呼吁""残忍""请愿"等热词看出,大量微博用户本着同情、善良等原则,呼吁抵制消费狗肉;另一方面,一部分公开发表抵制吃狗肉的倡议的明星在微博上亦受到了群体攻击。文化价值观的论辩引发民族文化和民族风俗的论辩,由价值观冲突引起的社会风险在语义网中占有重要位置。

五、与反腐败、党群关系相关的政治风险讨论走高

从2017年到2018年,围绕"重大风险"形成的语义网社群中,政治风险的网络探讨逐渐走高,相关议题多与反腐败、党群关系相关。

2017年,"重大风险"语义网与政治风险相关的主要有2个社群,一个聚

焦于近年来党内贪污腐败得到有效惩治，内部隐患得到消除，论证逻辑为"党内面临重大风险考验—党中央反腐惩恶—党内政治生态气象更新"，具有官方话语的色彩。如有博文写道："五年来，我们勇于面对党面临的重大风险考验和党内存在的突出问题，以顽强的意志品质正风肃纪、反腐惩恶，消除了党和国家内部存在的严重隐患，党内政治生活气象更新，党内政治生态明显好转，党的创造力、凝聚力、战斗力显著增强，党的团结统一更加巩固，党群关系明显改善，党在革命性锻造中更加坚强，焕发出新的强大生机活力，为党和国家事业发展提供了坚强政治保证。"（ZJXNSZRMZF-2017-12-12）另一个社群旨在表现纲领性文件对于整治党内风险的决心，核心热词为"解决""矛盾""克服""助力"。

2018年的"重大风险"语义网与政治风险相关的主要有2个社群，一个聚焦于党群关系讨论，对党群的态度较为正面，"明显改善""更新"等成为关键热词；另一个社群聚焦于党内惩治腐败，"正风肃纪"等关键热词显示，网民对反腐总体持正面态度。

总体来看，从2017年到2018年，与政治风险类语义群有关的关键热词中，"隐患""挑战""阻力""抵御""考验"等仍然占据较为核心的位置，微博上与反腐败、党群关系密切相关的政治风险的讨论有所增加。

第三章
网络舆情事件演进
（2016—2020）

社会心态失衡是网络舆情事件发生的重要因素，网络舆情事件亦反过来推进社会心态的展现与变迁。透过舆情事件的变化特征洞察事件背后的深层社会心态，代表了网络空间演进的重要面向。

北京、上海、广州、深圳等中国的超大城市正步入新常态深度转型阶段。伴随城镇化进入新的历史发展时期及国际格局的复杂调整，过去相对稳定的社会结构、社会心态与城市格局进入"非常态"历史阶段。根据大卫·哈维的分析，当前的超大城市研究主要包括地理空间、心理—观念、社会交往、交通与通信等4个研究维度（程士强，2017）。比较而言，心理—观念层面的超大城市研究尚处于起步阶段。但伴随超大城市经济与社会结构的不断发展，心理—观念方面的变化日益凸显。超大城市的文化多元性超常，亚文化的种类和规模超常，文化发育的自主性超常。与此同时，其公共舆论具有超前意义上的独特性，其信息传播的"复杂程度更是前所未有"（赵孟营，2018），使得超大城市的任何公共事件，都有可能形成网络舆论风暴。文化、舆论、意识形态领域的风险对超大城市治理的重要性与日俱增。在中国转型发展的特殊历史时期，构建一个反映当代中国超大城市重点舆情事件的演进规律、有历史记录意义的案例库，具有重要的理论价值和现实意义，不仅有助于我们从社会理论的角度洞察公众舆论的发展规律，亦有助于相关政府及职能部门把握不断变化的舆情发展规律，建设更加良性的舆论生态环境，全面提升心理—观念层面的超大城市综合治理能力。

本章综合新浪网微舆情频道、东方网数字平台、今日头条、百度搜索、人民网舆情频道等数据来源，连续5年（2016—2020）基于每年50个，共计250个中国某超大城市重点舆情事件数据库，期冀通过历时性的网络舆情事件—过程研究，在类型化的比较中，系统挖掘舆情事件背后的演进特征与发展规律，探寻网络社会心态的时代特征和超大城市变迁的精神层面意涵。具体来说，相关舆情事件以新浪网微舆情官方微博每日发布的"24小时网络热点事件排行榜"和东方网"数字信息平台"为主要依据，筛选案例对象；以今日头条、百度搜索中的关键词搜索功能为辅助，以人民网舆情频道、凤凰网和相关政务微信公众号为补充,系统挖掘舆情信息,开展多层次分析研究。

第一节 超大城市重点舆情事件的类型化及其演进

本节将案例库中的舆情事件分成政治生活、经济生活、民生问题、科技文化、城市管理、公共安全、意识形态等七类事件。研究表明,2016年至2020年各领域重点舆情事件类型变化趋势如图3-1所示:超大城市中的公共安全类事件、城市管理类事件是受关注度最高的舆情事件类型,是超大城市舆情事件中负面情绪的主要蓄水池;经济生活类事件与科技文化类事件的占比较高,且在重点舆情事件中的比例相对稳定;政治生活类事件与意识形态类事件关注度较低,持续时间较短,但波动性较大,偶然性较高,可能出现突发现象级事件;民生问题类事件是唯一连续5年上涨的事件类型,值得高度关注。

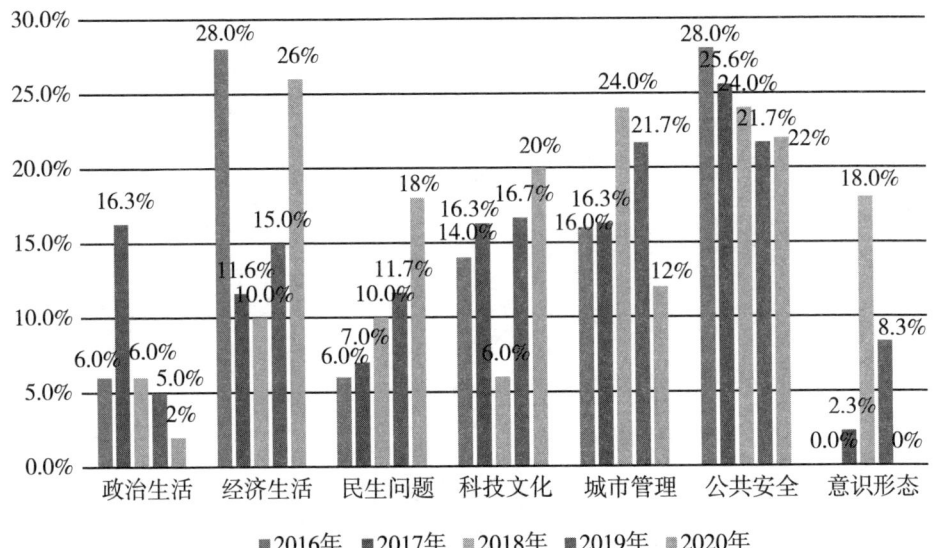

图3-1 2016年至2020年各领域重点舆情事件类型变化趋势

一、政治生活类舆情事件：5 年间均处于较低水平，呈现先增后减的趋势，舆论对政治生活类事件的关注度总体较低，网络讨论存在软性关注倾向，具有一定的政治疏离特色

2016 年至 2010 年间，除了 2017 年党的"十九大"前后政治领域舆情事件数量较多，占所有舆情事件的 16.3%，政治生活类舆情事件一直处于较低水平：2016 年占比为 6.0%；2018 年、2019 年分别占比 6.0%、5.0%，成为所有事件类型中占比最小的一类；2020 年，突如其来的新冠疫情深刻影响了舆论走向，民众对政治议题的关注度继续走低，降至 2.0%。通常政治生活类舆情事件受到的关注度较低，持续时间较短，地方性政治事件较难形成全国热搜之势，国家层面的宏观抽象的大政方针讨论多停留在就事论事的层面，不太作意识形态、价值观和道德感上的追问和批判。网民对政治生活类事件表现出相对疏离感，对政治生活类议题讨论很少，存在软性关注倾向。

二、经济生活类舆情事件：呈现先减后增的 V 形趋势，2018 年以来，舆论对经济议题的敏感度不断升高，2020 年经济关注度陡增，折射出社会价值观从崇尚资本到拥护监管的大幅转向

2016 年，舆情事件在经济生活领域较为高发，经济生活类事件在所有事件中占比达到 28.0%；2017 年开始显著下降至 11.6%，并在三年间保持相对稳定的水平，2018 年为 10.0%，2019 年为 15.0%。舆论对经济生活类议题的敏感度不断升高，科创板开市、自贸区新片区揭牌、共享单车退押金事件等，既体现了网民对经济增长点的高度热情，也有消费者权益保护的敏感议题。2020 年，新冠疫情得到控制，伴随着复工复产的加速推进，经济、金融、消费、就业成为百姓最为关心的话题，经济生活类事件的网络关注度迅速升高，陡增至 26%。尤其是复工复产初期，企业负面新闻叠加物价上涨等现象，使舆情压力上升显著。瑞幸咖啡造假，长租公寓跑路，海底捞、西贝莜面村、喜茶、迪士尼等企业复工复产后上调价格，丰巢快递柜宣布对超时快递收取保管费等事件，都引

发了网络舆论的高度关注。与此同时，近几年的经济生活类舆情事件，也成为众多互联网平台、互联网巨头形象的转折点，"蚂蚁金服""嘀嘀打车"等涉及资本、监管、平台垄断等事件背后，折射出社会价值观从崇尚资本到拥护监管的大幅转向。

三、民生问题类舆情事件：连续5年快速上升，教育、婚姻、就业、工作等青年相关议题走向舆论事件中心，青年成为网络舆情事件中的关键群体

2016年，民生问题类事件在所有舆情事件中占6.0%，随后4年逐年上升，分别增至7.0%、10.0%、11.7%、18.0%。2016—2018年，教育、养老、住房、医疗是民生问题的主旋律，涉及各个年龄层群体。从2019年开始，"工作996，生病ICU""最低工资标准""结婚率""离婚冷静期"等涉及工作、健康、婚姻方面的舆情事件受到了长时间、高热度的讨论，主要反映出年轻人的工作和生活焦虑。2020年，受新冠疫情影响，民生问题类舆情事件数量进一步增加，高考、录取、毕业生就业成为大学生最为关心的问题；复学复课安排、儿童基础教育成为已有家庭子女的青年最为关心的问题。与青年切身相关的各类民生问题类事件逐步走向舆论中心，青年成为网络舆情事件中的关键群体。

四、科技文化类舆情事件：5年间数量总体呈上升趋势，超大城市在文娱、科技事件方面的影响力实现地方带动全国

科技文化类舆情事件数量占比在2016年至2020年分别为14.0%、16.3%、6.0%、16.7%、20%。除了2018年科技文化类事件相对较少，总体在5年间呈现逐步上升趋势。超大城市在文娱产业、科技文化类事件方面越来越能够在全国范围产生重大舆论影响。一方面，超大城市在国际性会议、赛事、展会等方面的影响力越来越大，网民对世界人工智能大会、国际数码互动娱乐展览会（Chinajoy）、各类书展、漫展、进博会等文化领域事件的关注度不断提升，连带展现了网民对新兴经济的高度关注；另一方面，科技文化领域的论争也不断增

加,如 B 站制作的《后浪》引发不同代际群体的价值观碰撞,网红明星落户、偷逃税等事件均极易引爆网络关注,反映消费主义、财富焦虑等的科技文化类事件也一再登上舆论风口。可以说,文化价值观类事件已经成为最具撕裂性的网络事件,且论争双方的立场和观点很难调和。如漫展期间,一位"JK 少女"的衣着、姿势、公共场所摆拍尺度问题引发激烈争议。支持的观点认为,这是"穿衣自由";主流媒体则在话题"亚文化要梗也要底线"中指出,文化活动应保持与现实世界一致的道德标准,不可与主流文化、社会主流价值观背道而驰。类似事件在近 5 年有不断上升趋势。

五、城市管理类舆情事件:受到持续高度关注,交通系统管理、城市治理问题是该类事件爆发的最主要面向。网民对超大城市管理水平的较高期待,是导致这类舆情事件频发的直接原因;超大城市复杂的人口结构与利益分化,是导致这类舆情事件频发的结构性因素

2016 年、2017 年两年,对城市管理类舆情事件的关注度在总体事件中的占比分别为 16.0% 和 16.3%。2018 年、2019 年两年,城市管理类舆情事件热度陡增,分别达到 24.0%、21.7%,连续两年成为所有类型事件中占比最高的事件。2020 年,受疫情影响,经济生活类事件和公共安全类事件取代城市管理类事件成为舆论的主要关切事件,城市管理类议题占比降至 12.0%。

从往年数据看,交通系统管理事件一直是城市管理类舆情事件的主要领域,如地铁交通故障、交警执法不当等事件。近年来,伴随相关部门应对事件更加及时、妥当,这类事件引发舆论风暴的比例有所降低;"在线办公""云上教育"等生活生产模式的转变,一定程度上也减轻了交通系统和城市公共管理的压力;此外,受新冠疫情冲击,在对生活追求的排序上,健康、安全、就业、收入等民生议题被提到了更重要的位置,舆论重心发生转向。"快递整改""垃圾分类""共享单车治理""常态化的疫情防控机制和信息发布机制""流浪动物管理"等,成为城市管理类事件新风向,在相关舆情事件中表现出分化度极高的社会态度。

六、公共安全类舆情事件：5 年间呈稳步下降趋势，但总体比例仍保持在所有舆情事件类型中的最高水平，是网络舆论关注的焦点事件。网民从简单追求生命健康和人身安全权利转向对全方位多层次的人身权利的追求和关注，涉女性、涉儿童公共安全类事件存在舆论极端化趋势

公共安全类事件在所有舆情事件中的占比在 2016—2020 年间呈逐年下降趋势，5 年间该占比分别为 28.0%、25.6%、24.0%、21.7%、22.0%。从 5 年间的变化趋势来看，公共安全类舆情事件热度有所下降，但该类事件一直以来都是发生比例最高的网络舆情事件。由于相关事件发生的偶然性，这一下降趋势并不意味着未来公共安全类事件热度还将持续下行，对公共安全类舆情事件应持续保持高度关注。

从具体事件的内容来看，从 2016 年到 2020 年，受到热议的公共安全类事件重心有所转向，网络舆论不仅对人身安全和生命健康高度关注，更反映出对人格尊严、心理健康等全方位多层次的人身权利的诉求。以往网民关注的公共安全类议题更多涉及生命健康和人身安全方面，例如伤人杀人、交通肇事、安全生产、意外事故、食品安全等。2019 年以来，网民热议的公共安全类舆情事件虽然依然覆盖伤人杀人、安全生产、意外事故、食品安全等话题，但涉女性和涉儿童类事件成为新的舆论聚焦点，网民开始关注多层次的人身权利。在相关的公共安全类事件中，类似话题常常被关联讨论，引发规模效应。值得注意的是，性别意识、性教育甚至性别对立亦成为网络情绪宣泄的出口，一些激进言论过于强调性别因素在事件中的作用，具有很强的共情性和煽动性，成为新的舆情风险点。

七、意识形态类舆情事件：波动性强，表现为陡增陡减的倒 V 形趋势

近 5 年，意识形态类事件呈现出较强的波动性，在总体舆情事件中的占比从 2017 年的 2.3% 陡增至 2018 年的 18.0%，意识形态类舆情事件频发；2019

年,相关舆情风险有所缓解,相关事件占比减至 8.3%,但舆情下沉,表现出线上线下联动的特点;2020 年新冠疫情背景下,网络舆论核心诉求发生重大转变,围绕疫情防控的事件大多被归入公共安全类事件中,意识形态风险得到缓解,但许多事件背后的意识形态冲突仍十分突出。

2018 年,意识形态类舆情事件集中爆发,多起境外辱华事件及涉外关系事件成为舆论风口。与前两年不同的是,2018 年出现了一系列涉及国家意识形态的舆情事件,如国外品牌设计师在社交网站发表辱华言论经微博发酵、国内网红女主播侮辱国歌、国外企业把中国港澳台地区等列为"国家"、球迷用南京大屠杀历史事件挑衅球队等事件,在网络上激起一波又一波声浪。2019 年以来,类似事件仍时有发生,网民对相关事件表现出强烈的民族自信和爱国情绪,但相关事件尽管关注度高,持续时间却较短,过度情绪化表达有所减少,绝大多数网民能够保持相对冷静理性的态度。此外,高校仍然是意识形态类事件的重要发生场域,并表现出较大的线上线下联动风险。2020 年,涉及地方的意识形态类事件在疫情大背景下,未能成为主流事件,但城市管理类事件、公共安全类事件中,相关言论间断性出现,意识形态风险更加隐蔽。

第二节 超大城市舆情特征及其发展动向

本节关注的超大城市舆情特征,是指在一定时期内,广泛存在于超大城市舆情事件中的能够影响到社会认知、社会情绪、社会思潮乃至社会稳定的网络表达特征与重要舆情现象,反映了超大城市发展变迁过程中,中西方关系重塑的新格局中,政治、经济、社会风险在舆情事件、社会价值观念上的呈现。研究认为,超大城市的舆情下沉现象突出,"热搜"与"热议"在多重领域显著分化;超大城市人民群众多元分化的需求与有限的城市资源之间的矛盾上升,城市资源争夺型舆情风险持续上涨;涉外舆情事件高发,"如何处理对外关系""如何对待西方文化"成为超大城市舆情发展的新热点和意识形态论争的新维度。

一、网络舆情下沉：“热搜”"热议"在多重领域和多重面向分化

舆情事件的"热搜"情况一定程度上代表了该事件在网民和网络舆论中受到的关注度；而"热议"情况则在一定程度上体现了网民对该事件表达的程度。本研究依据热点舆情事件的百度搜索结果数评估其热搜程度；依据热点舆情事件在"××发布"官方微博上收到的评论数，同时结合其在其他微博、论坛、新闻报道中获得的评论热度评估其网络热议程度。基于某一重要政治性会议节点前后一年的"热搜"情况与"热议"情况进行对比分析，结果显示："热搜事件前10名"和"热议事件前10名"中，仅有两个事件同时属于"热搜"事件和"热议"事件范畴，其他事件分散在政治生活、民生问题、科技文化、城市管理等领域，均无重叠。舆情"热搜"与"热议"出现显著分化表明，网络媒体对热点舆情事件的报道数量、网民对事件的关注度，与网民对事件的讨论热度没有必然的相关性。

（一）政治生活类事件"热搜"不"热议"，"假性政治冷感"外冷内热

长期以来，超大城市舆情事件较少涉及政治性话题，特别是对于关系到国家层面的重大政治议题，表现出一种多关注、少议论的"假性政治冷感"现象，在政治性议题的讨论中更多地呈现出对政治事件的软性关注和对核心命题的自主疏离，倾向于对政治议题的娱乐化、生活化议论。我们认为，这种"冷感"是网民被动地表现出的"政治冷感"倾向，"热搜"的背后反映出更为复杂的社会关注度和社会心态，外冷内热，舆情下沉，也可能为相关部门研究、分析、把握更加真实的网络民意，提出更大挑战。

（二）民生问题类事件最"热搜"，体现"发展型利益诉求"

数据显示，年度舆情事件中，民生问题类事件最受关注。在"热搜事件前10名"中，民生问题所占比例最高，共4个；在"热搜事件前20名"中，民生问题所占比例同样最高，共6个。相关热搜事件关涉"'双一流'大学名单""宫颈癌疫苗""住房发展'十三五'规划""退休人员养老金""亲子园涉嫌虐待儿童"等，涵盖教育、住房、医疗、养老等重要民生话题。

网民对民生问题的高度关注，突出表现在对公平感的高度敏感上。出于对

自身利益、未来发展和社会公平的追求，各级政府、职能部门、公检法等涉及公权力的机构和个体成为民生问题"热搜"事件舆情中的高度关涉主体。例如，在"住房发展'十三五'规划公布"事件中，许多网民对房价和购房政策表达了不满情绪，但更热的评论表现在对分配公平的关注上。在"大学教授工资单曝光"事件中，网民围绕"教师群体待遇高公不公平"和"公积金、社保制度合不合理"两方面展开批评。在"退休人员养老金"事件中，公平感问题体现得更加明显，不同社会群体都觉得受了"委屈"：非公务员群体认为公务员待遇过高，是搞"阶级差别"；公务员群体内部也有基层干部对自身收入状况表达不满；在职公务员群体认为给退休的公务员加工资而不给在职公务员加，不公平。教育领域的不公平感表达亦十分显著："'双一流'大学名单公布"，高校关涉主体觉得"不公平"；"考生入围北、清、复、交等高校自主选拔录取名单"公布后，网民质疑自主选拔的公平性；与此同时，也有很多评论聚焦于讨论地域保护主义的公平性等。

笔者认为，公平感成为舆情爆发导火索的根源在于超大城市的地域特色，本质上是发展中的问题。换句话说，大量在超大城市求生存、求发展的人，具有相当强烈的发展效能感，正怀揣梦想在城市打拼奋斗。本地人、外地人，在职的、退休的、体制外的、体制内的、有房的、没房的，各种职业、各种阶层的，都对城市民生问题保持极大的关注和极高的期待。聚焦于民生问题的舆情事件，本质上反映了不同社会群体对"发展型利益诉求"的关注。"发展型利益诉求"的表达是建设性的，与"抗争性政治诉求"有本质区别，是结构性紧张而非根本性矛盾。

（三）科技文化类事件最"热议"，城市认同是共同表达的基础

数据显示，年度舆情事件中，科技文化类事件成为"热议"最突出的领域。关涉科技文化的舆情事件数量多，意见表达也非常突出，占年度总体重点舆情事件的21%；在"热议事件前10名"中，科技文化类议题所占比例最高，共4个，涉及"市委领导与高校师生交流""90后业主8 000万买下历史保护建筑后拆毁""某区形象宣传片""国际马拉松赛"等。

网民对科技文化领域的舆情事件表现出极大关注，源于这些事件为该城市市民提供了根源感、身份感，增强了其对城市的归属感、认同感和荣誉感。例如在"在推广普通话的同时，也要保护和传承地方方言"和"航班试运行地方方言广播"等事件中，网民普遍表达了对传承地方文化举措的认同。地方方言成为凝聚社会共识、表达对城市价值观的认同的重要依托。在关于"市委领导与高校师生交流"的报道中，许多网民也表达了对该城市知名高校的认同和骄傲。

（四）地方性为"热搜""热议"划界限

综合对比发现，超大城市网络舆情事件"重地方、轻全国"，城市地方性成为"热搜"与"热议"的基本界限。

对"热搜"事件予以分析可以发现，涉及全国层面的、影响范围广的事件往往"热搜"度较高，网络报道数量较多。但全国层面的"热搜"事件在地方网络舆论场中的讨论热度相对较低。例如"'双一流'大学名单公布""国产大飞机首飞"等事件分别属于"热搜"事件的第一名、第六名；但这两个事件在"热议"事件排序中，分别为第十一名和第十七名。总体来看，这些事件具有更广阔的地域适用性，在全国范围内产生了影响，受到了网络媒体的大量报道，但在地区范围内对这些事件的讨论热度则相对较低。网民愿意就本地化程度更高的舆情事件表达态度或诉求，例如"市委领导与高校师生交流""90后业主8 000万买下历史保护建筑后拆毁""应届高校毕业生申办居住证、户籍办法公布"等事件分别属于"热议"事件的第一名、第四名和第六名，而在"热搜"事件中这三个事件仅处于第二十九名、第三十六名和第二十八名。这些事件与城市市民的日常生活息息相关，虽然搜索关注度较低，但在本地舆论场的讨论中非常热烈。可以说，地方性为"热搜"和"热议"划出了基本界限。

二、结构性风险上升：人民群众多元分化的需求与有限的城市资源之间的矛盾凸显，城市管理类舆情事件可能持续上涨

自超大城市落户政策放宽以后，中国城镇化进程进入新时期，外来人口在

城市谋生存、谋发展的状态进入新的生命周期,他们对城市资源的期望呈现快速爆发式增长。数量庞大的外来人口和本地居民对美好生活的需求与超大城市有限的城市资源之间积累矛盾,并在5年间呈现出愈加复杂化的趋势。近5年的数据显示,超大城市舆情事件中的户籍之争、教育之争、就业之争,本地人与外地人的网络争论,其实质是城市资源之争。2016年至2020年间,城市管理类舆情事件始终占据超大城市舆情事件的较高比例,可能触发的网络抗议形态多样而高频。尽管大多数事件处于低烈度状态,但因为关涉个人权益、群体利益,相关舆情持久、广泛、普遍,成为网络负面情绪的"蓄水池",具有广泛、深远的政治、社会影响。

(一)资源稀缺:超大城市管理类舆情事件低烈度频发

当前,我国正处于快速发展、改革深入推进的关键期,激烈的市场竞争导致利益格局和利益关系不断变动,急速的社会转型引起社会阶层、利益主体的多元分化,利益矛盾无处不在。当分属不同利益主体的网民争相表达各自的利益诉求时,舆论空间变得复杂化,立场不同带来的差异化表达也使得矛盾与冲突凸显,极易导致阶层对立、价值观点对立,甚至引发群体间冲突。在网络世界,人们因社会转型、资源分配不均及现实的不确定性所产生的心理落差与不安全感会比现实世界中表现得更加强烈,不公平感与不安全感已成为当今网络用户相对广泛的负面社会情绪。超大城市资源稀缺推动城市管理类舆情事件低烈度频发,复杂的网民群体从个人安全、个人权利和切身利益出发,对热点事件展开讨论,具有相当的普遍性和分裂性,少数极端网络言论可能成为引爆网络舆论的导火索。

2016年,本地人与外地人对立情绪凸显,外来人口负增长引发热议。在"××市最低工资标准全国最高"的讨论中,网民认为所谓最低工资对于高涨的房价和通货膨胀只是杯水车薪,不足以拿来做宣扬;在"××市外来常住人口15年来首现负增长"的网络讨论中,外地网民与本地网民之间相互表达不满。

2017年,城市资源争夺型网络舆情围绕教育、住房和就业资源争夺展开。

许多本地市民表示其基本权利受到外来人口的挤占，期待对本地人口的政策保障。"400多位考生入围北、清、复、交等高校自主选拔录取名单"事件中，一些本地网民表达了对著名高校在本地招生名额太少的不满；在"住房发展'十三五'规划公布"事件中，有网民吐槽"本地人的住房问题都满足不了，还要满足外地人的！"；关于"严查严处出租汽车行业顽症"的讨论中，本地人要求出租车本地人开和外地司机质疑两种声音形成对立。

2018年，公共安全类事件中的外来务工人员受到舆论常态化关注，人们呼吁吸纳高质量人才、推动高质量发展。在"××路持刀砍人案"的讨论中，被告人作为外来务工人员引发了对这一群体的负面情绪，而在"超大城市为诺奖获得者颁发'绿卡'事件"中，绝大多数网民认同这一举措是超大城市吸引人才的绝佳方式。

2019年，超大城市与其他城市之间资源分配不平衡引发舆论追问。例如在"5G火车站启动建设"事件的讨论中，较多网民表达出对地区发展差异的不满。再如在"女子抢方向盘被取消落户资格"的事件讨论中，部分网民也表达了不满，认为大城市不要的人，农村也不要，取消该女子的落户资格是地域歧视。

2020年，"落户政策"和"人才标准"成为网民讨论的高频词，"落户"成为超大城市网络舆情治理的重点领域。围绕户籍、教育、就业、住房等稀缺性城市资源，网络讨论热烈而多元。

从以上发展趋势来看，城市资源争夺导致的舆情事件是超大城市不可忽视的持续性舆情风险点，此类舆情事件历年来的侧重点各有不同，但近年来伴随民生问题增长，有不断上升的趋势，且关系到公平感、安全感、获得感等底线型社会心态，随时可能触发全网热点。城市管理政策创新往往受到网民肯定，而城市资源的不均衡、不合理分配则是激发舆论负面情绪的敏感点，也是造成地域和阶级对立的核心因素。

（二）宣传效果反转：城市管理类舆情事件存在正面报道的评价负面化现象

超大城市治理是政府工作的重中之重，交通部门、公安部门、食品药品监督管理部门等都投入了大量管理资源，取得了很好的治理成效。但有关城市管理的宣传报道在网络上受到的评论总体来说赞许少、批评多。本意用于宣传的许多政府行为，在超大城市网络舆论场中存在正面报道的评价负面化现象。

例如在"轨交安检等级升级"事件中，警方为维护轨道交通区域的公共安全，在全市轨道交通区域内开展专项行动。然而在网络讨论中，仅少数网民表示赞同，负面评价占大多数。许多网民对这一举措的有效性和设计的合理性表达质疑，一些网民还延伸指出轨道交通系统存在的其他问题，如公共卫生问题、逃票问题、公共治安问题等。再如在"各类场所违规吸烟发生率显著下降"事件中，根据××市健促委发布的数据，自《××市公共场所控制吸烟条例》修正案2017年实施以来，修正案实施前已为法定禁烟场所的违规吸烟发生率下降了44.7%；修正案实施后新纳入的法定禁烟场所的违规吸烟发生率下降了41.3%。而网民对该事件的大多数评论仍然在质疑政策落实时效。

（三）"去政治化""具象化""生活化"：对城市管理类舆情事件的负面评价的批评对象涉及市民、企业、政府、基层公务员等多元主体，针对政治体制层面的负面言论少

网民对城市管理类舆情事件的评价主要从自身生活感受出发，指出城市公共政策给自己带来不便的地方，表达个人的不满情绪。网民会将这种不满情绪诉诸各个层面，而不是一味地将矛头指向政府，过度解读，一般不具备政治性表达内核。

例如"'共享单车'集中整治"事件中，政府为了治理"共享单车"无序发展，确保城市文明有序，采取了一系列措施对"共享单车"乱停乱放现象进行整治。针对此举，有网民表达了对市民素质的担忧，也有网民对企业的运营策略和社会责任表示不满，还有网民一定程度上认可政府的整治措施。再如，"严查严处出租汽车行业顽症"事件中，市交通执法总队开展出租汽车专项整治行动，对"的哥"故意造成计价器失准或损坏等12种违法行为将处以吊销出租车准营证处罚；对拒绝乘客运送要求等12种违法行为将处以暂停营业15天处罚。针对这一举措，一些网民提出了对出租车司机的不满，也有网民表达了对网约车公司的批评，同时也有网民指出政府在出租车行业管理方面应担负相应的责任。

三、跨境互动增强:"如何处理对外关系""如何对待西方文化"成为超大城市舆情论争的新维度,作为改革开放前沿的超大城市被推上国内外舆论的风口浪尖

当前国际形势错综复杂,随着中国逐渐走进世界舞台的中心,涉境外舆情事件长期保持较高的舆论热度,网民整体表现出较强的民族自豪感与国家认同感。但"如何处理对外关系""如何认识他国""如何对待西方文化"等成为网民论争的新维度,相关讨论往往容易立场化、情绪化,极端民族主义、民粹主义情绪成为网络舆情的不安定因素。作为改革开放前沿的中国超大城市,常常处于国内外舆论的风口浪尖,涉外舆情不断增多,整体呈现出复杂性、敏感性和不确定性等风险,中西方文化价值冲突在各类舆情事件中大量凸显。

一方面,近年来一些境外力量侮辱中国国家形象、侵害中国国家利益的不当行为和言论引发的舆情事件中,网民一致坚决反对任何"辱华"行为,捍卫国家声誉和国家利益,在西方国家对中国的偏见面前团结一致,坚持国家主权领土完整。另一方面,少数网民因简单粗暴的二元对立思维而出现一些极端情绪和言论,容易超出理性讨论的范畴,呈现出极端民族主义倾向;也有少数网民从"民族性"和"国民性"的角度来解释一些负面现象,将复杂的社会和个人原因归结于"国民性"缺陷,存在盲目自卑的文化倾向。

超大城市处于全国对外开放布局的中心位置,在对外政策和涉及国际的重大事件中,需要应对国内外网络舆情的多重压力。在未来相当长的时期内,"如何处理对外关系""如何对待西方文化"将成为众多舆论热点事件论争的新维度。网络舆论建设要对理性、温和的网络民族主义表达进行适当鼓励,对极端、非理性的网络民族主义传播进行适当引导,让不卑不亢的"文化自信"成为网络文化建设的精神支撑。

第四章
网络思想价值观念演进
（2013—2018）

网络空间给予研究者历时性地记录、分析中国普通网民思想价值观念变化的宝贵资料和研究可能,使得具有争议性的思想价值观念、社会思潮有了普通网民网络表达意义上的研究可能。其背后,反映出网络社会心态的深层次规律。系统刻画网民价值观论争的态度倾向与演进趋势,使得思想文化价值观念研究具有了更加坚实的经验基础。与此同时,结合了大数据分析和博文质性解读的思想文化价值观念研究,有利于我们在更加宏观的网络生态视野下,把握中国社会精神面向的发展路径。

本章围绕"马克思主义""中国传统文化"等价值观,采用自然语言处理和机器学习方法,针对2013—2016年的2亿条新浪微博博文展开大数据分析,围绕网络价值观的发展趋势进行深入研究。本章亦依托新浪微博2013—2018年间共计2.75亿条随机微博博文,使用大数据文本分析和博文质性解读相结合的方法,对具有重要代表性的社会思潮"改革开放"的网络论争展开研究,以期从多个面向展现中国特色网络价值观的演进与变迁。

第一节 马克思主义、中国传统文化等价值观变迁

本节采用自然语言处理和机器学习方法,针对2013—2016年的2亿条新浪微博博文展开大数据分析,围绕网络价值观的发展趋势进行研究。根据分析结果,构造了好感度和反感度两类指数,即每万条微博中对特定议题或对象持好感态度或反感态度的微博数量。具体而言,课题组针对不同类型的指标,运用两种方案进行分析:第一种方案是运用"基于支持向量机的监督学习法",特别针对较为复杂的社会心态问题,运用人工编码配合监督性机器学习,由数十名研究生持续建设完善社会心态指标的人工编码库,在此基础上按照"人工编码—模型训练与评估—预测"的分析流程计算演进趋势;第二种方案是运用"基于字典的情感分析法",特别针对概念清晰、意涵明确的政策或组织单位名称,选择能够反映被研究议题的关键词,按照"分词—搜索—配对"的分析流

程计算演进趋势。这两种分析方案在计算和预测不同指标时各有所长,所获的结果均分别描述了特定议题的好感度/反感度。值得注意的是,基于支持向量机的监督学习法与基于字典的情感分析法是两种不同的算法,用这两种不同算法计算所得到的指数具有不同的含义,因此不能直接对不同算法得到的指数的绝对值进行比较。换言之,课题组仅对同一算法所得到的指数的绝对数值进行比较。对于不同算法得到的指数而言,课题组仅比较指数在不同年份之间的变化趋势。

其中基于支持向量机的监督学习法应用于"传统文化"等价值观测量;基于字典的情感分析法应用于对"马克思主义"的价值观测量。

研究发现,在日益多元的网络价值观中,马克思主义和中国传统文化的影响力和好感度显著提升。数据分析显示,网民的民族文化优越感及继承发扬传统文化的热情高涨,对传统文化的好感度自2014年开始逐年上升,2014年为54.67,2015年为69.96。2016年,对传统文化的好感度指数攀升到84.02,远高于所有指标好感度的中位数,而反感度指数仅为0.31,好感度指数是反感度指数的约271倍。这些数据背后,展现了人民群众不断增长的文化自信,与近年来弘扬中华民族优秀传统文化等宣传工作部署和持续不减的文化讨论热潮有关。

质性研究显示,部分西方普世价值观虽然在碎片化的网络传播中广泛存在,与人们的日常生活紧密关联,但其已异化为具有中国特色的权利诉求表达,反映出西方意识形态内核的政治价值观在中国的影响力下降,而中国传统文化的影响力正持续上升。在最近的一项社会调查中,影响力最大的200个中国学者,排名靠前的大多是讲授通俗历史文化的教授。大量博文显示,相比于西方价值观念,网民更愿意从中国传统历史文化中寻求精神支持和前进动力。

第二节 作为一种网络社会思潮的"改革开放"演进

本节依托新浪微博2013—2018年间共计2.75亿条随机微博博文,使用大数据文本分析和博文质性解读相结合的方法对"改革开放"的网络表达演进展开研究。研究发现:网民对改革开放的整体态度倾向呈现波动向好的局面,国家立场、底层或弱势群体立场往往成为对改革开放态度的分野标志;改革开放从思想理论界的议题内化为人民群众的生活体验甚至思维方式,在互联网空间表现为一种国家战略与生活体验兼具的社会存在;作为一种网络社会思潮,改革开放是多元、立体、变动的存在,从内部论争走向对外关系,"如何看待西方"成为相关态度表达的新维度。与此同时,中国特色的网络生态演进影响着这一议题走向,改革开放是具有"中国底色"的网络社会思潮。

一、研究缘起

20世纪70年代末,以中国特色社会主义现代化为奋斗目标的改革开放,开启了中国历史发展的新阶段。中国特色社会主义市场经济带来了生产方式与社会结构的深刻变革,深远影响了社会分配关系,亦改变着人们的生活方式、思维模式乃至价值观念。从某种意义上来说,当代中国不同社会思潮所代表的阶层利益和主要观点绝大多数都是基于改革开放之后形成的利益格局,并由此提出的不同的主张和看法。当代中国的社会思潮,"正是指改革开放以来,中国民间自发形成的,具有不同的价值取向,运用不同的理论资源来应对中国当下的问题、矛盾、冲突或困境的不同思想派别"(萧功秦,2010)。改革开放成为当代中国社会思潮、价值观念碰撞的时代背景、重要动因与核心议题。

但长期以来,对改革开放以来社会价值观、社会思潮的研究研判,在学术文献中缺乏清晰、严谨的实证研究,大多充满了推论、想象,仅有少数例外(桂勇,黄荣贵,丁昳,2018);我们能够看到、听到的有关改革开放的论证、阐述,更多来源于精英话语、学术脉络或公知意见,缺少来自普通民众的、变化的、历时性的研究面向。

新世纪以来，随着互联网在我国的发展与普及，网络延伸并重构了现实社会的思想观念，现实生活中的种种社会思潮也跨越时空界限延伸至网络空间，使得社会思潮的生产主体更趋丰富、演进过程更趋复杂（Huang Ronggui, Gui Yong, and Sun Xiaoyi, 2019）。网络表达和网络空间给予研究者历时性地记录、分析中国普通网民思想价值观念变化的宝贵资料和研究可能，使得思想价值观念、社会思潮有了普通网民网络表达意义上的研究可能。

本节依托新浪微博2013—2018年间共计2.75亿条随机微博博文数据，对与"改革开放"有关的网络讨论展开基于向量机的机器学习法分析与语义网分析，期冀为当前中国最为核心的社会价值观、社会思潮的分析研判，提供一个普通网民的研究视角；期冀结合量化与质化分析，对中国精神发展面向的演进趋势做出尝试性探索。

二、数据来源与研究方法

本节利用数据开放程度相对较高、思想与观点表达较为丰富的新浪微博平台，使用大数据文本分析和博文质性解读相结合的方法对"改革开放"的网络论争与议题演进展开研究。本节的数据来源于2013年1月至2018年6月实时下载的新浪微博博文数据库[①]。为了有效地反映网民对"改革开放"的态度倾向以及年度变化趋势，本节以年份为分层标准，层内使用简单随机抽样原则获得每年5 000万条随机微博博文[②]，共计2.75亿条微博博文。一方面，使用支持向量机的监督模型，分析6年间网民对"改革开放"的态度演进；另一方面，对2013年、2018年与"改革开放"高度相关的网络讨论展开语义网分析，尝试探

[①] 该数据库由新浪微博关联公司拥有，自2012年开始，长期不间断地实时存储新浪微博数据，平均每天两三亿条博文信息，近6年博文数据总量达千亿条以上。该数据库实时存储的特点可以尽可能避免回溯抓取时，被删除的信息无法获取等问题，因此，基于该数据库的历时性研究具有较强的参考价值。

[②] 2013—2017年，每年随机抽取5 000万条；2018年上半年，按照比例随机抽取2 500万条。

讨"改革开放"议题的主题变化趋势；在此基础上，结合文献与博文文本的质性分析，对讨论与演进背后的逻辑展开讨论。

支持向量机的监督学习法，亦可称为监督性机器学习法，其分析流程为"手工编码—模型训练与评估—预测"。第一步，笔者搜索出 5 000 条以"改革开放"为关键词的微博博文，请受过社会学或传播学教育的研究生对其进行人工编码，判断每一条博文对改革开放整体呈现的"正面态度""负面态度""其他"[①]的倾向。为了提高人工编码的准确性，课题组对所有编码员进行了 20 个小时以上的培训；为了减少编码输入带来的误差，课题组使用 Python 语言编写了专门的数据编码软件，并完成了交互信度检验。

第二步，基于以上人工训练集，笔者使用支持向量机模型[②]对 2.75 亿条博文进行分类。模型训练的基本流程如下：使用中文分词软件将博文切分为词语列表，并剔除常见的停用词；使用 TF-IDF 算法将分词后的博文（词语列表）转换为 TF-IDF 矩阵，在该矩阵中，每行代表一条博文，每列代表一个词语，矩阵元素的取值则反映了词语在对应博文中的重要性；通过特征词选择算法选择最优的词语列表子集；评估模型预测的准确性；使用所选的特征词对应的 TF-IDF 矩阵和手工编码的议题态度数据来训练支持向量机模型；使用训练模型对所有博文进行预测，并根据预测结果计算正面态度和负面态度指数。

第三步，笔者使用查准率、查全率、F1 值等指标对模型进行评估。以"对改革开放的正面态度"为评估对象，模型的平均查准率为 0.80、查全率为 0.80、F1 值为 0.79。由此，根据如下公式计算正面态度指数和负面态度指数：

$$\text{正面态度指数} = \frac{\text{对议题表达正面态度的微博数}}{\frac{\text{总微博数}}{10\,000}},$$

[①] "其他"主要指内容与改革开放无关，或态度倾向不明，无法判断。

[②] 之所以选择该模型，主要是因为现有研究表明，支持向量机模型优于 KNN 和朴素 Bayes 等算法（陈琳，王箭，2012），被社会科学家广泛使用。

$$负面态度指数 = \frac{对议题表达负面态度的微博数}{总微博数} \cdot 10\,000$$

这两类指数的直观含义是，每万条微博中对"改革开放"持正面态度或负面态度的微博数量，描述了网民对特定议题的正负面态度倾向。

在此基础上，本节进一步选取六年时间段的一头（2013）、一尾（2018），对与改革开放紧密相关的网络讨论展开语义网分析。首先，笔者筛选出所有含有"改革开放"这一关键词的博文作为语义网分析的语料库，并对所得博文进行分词和去停用词等预处理；第二，使用 Wordij 软件建构以词语为网络节点、词语对子共现频数为链接权重的加权社会网络，为了突出讨论的核心议题和视角，本研究仅保留权重大于 50 的网络链接；第三，对所得的语义网进行社群侦测分析，得到若干语义子群（子网络）；第四，通过检视构成子网络的词语以及词语间的共现关系可以提取网民讨论"改革开放"话题的具体议题和视角。

基于以上的大数据文本分析过程，笔者得以从整体和结构上通过实证研究的方式，系统刻画网民有关改革开放论争的态度倾向、核心议题与演进趋势，使得网络文化与观念研究具有更加坚实的经验基础；与此同时，笔者还提取了反映各子网讨论内容的典型博文并对其进行质性解读，从而有助于提升笔者解读语义子网含义的准确性，在更加宏观的网络社会生态视野下，深化笔者对改革开放作为一种网络社会思潮的演进的逻辑理解。

需要特别指出的是，本节的所有研究基于新浪微博博文展开，"博文"而非"网民"是数据分析的基础单位。在一定程度上，通过随机抽样产生的海量博文能够很大程度上代表微博空间网民的总体态度倾向和议题趋势，但因为新浪微博博文的总体数据库无法获得，本节的分析结果仍有可能具有一定偏向性，比如，更加偏向活跃网民的态度倾向和议题趋势。

三、日常化的论争：从"国家战略"到"生活体验"

数据分析显示（见图 4-1），2013—2018 年，网民对改革开放的整体态度倾向呈现波动向好的局面。2013年，网民对改革开放的正面态度指数为175.11，负面态度指数为192.80，负面态度指数略高于正面态度指数；2014年，网民对改革开放的态度曾一度向好，正面态度指数上升，负面态度指数下降；但2015年，两者又再次趋同，正面态度指数为162.99，负面态度指数为157.94，几乎势均力敌；2015年以后，网民对改革开放的正面态度指数连续上升，负面态度指数连续下降；到2018年，正面态度指数达到222.30，负面态度指数为51.84，正面态度大幅超越负面态度，整体态度全面向好。

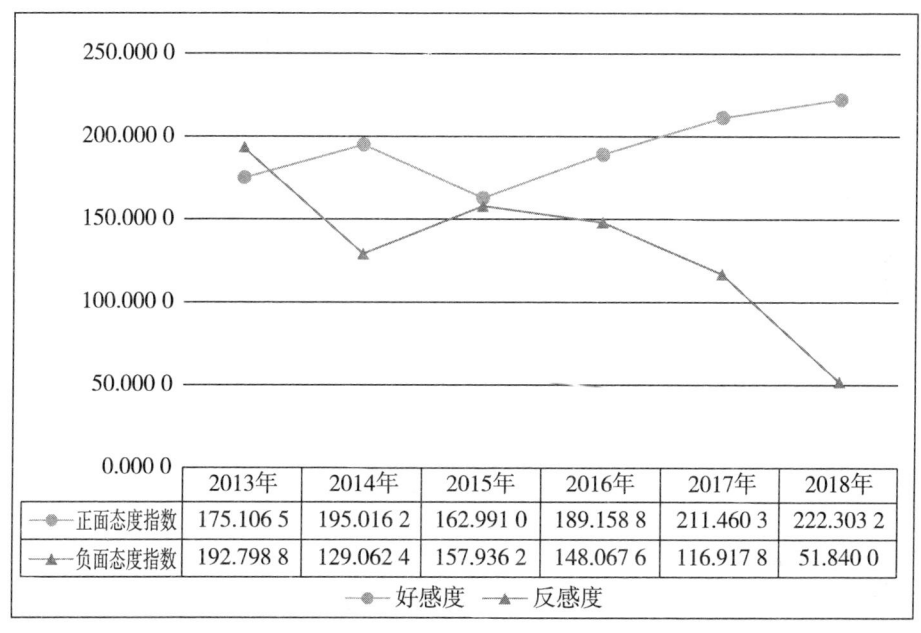

图4-1 微博网民对改革开放的态度倾向指数

从整体来看，互联网上对改革开放持正面态度者居多，多数博文肯定改革开放的成就，且近几年呈现日趋正面的趋势。

持正面态度者主要基于以下理由：一是改革开放使人民生活水平普遍提高，尽管不同阶层在改革开放的浪潮中获得的利益不同，但"实际上是所有的人都获得了利益"（SRSX-2013-01-06）[①]；二是改革开放推动中国与世界接轨，提

---

① 出于研究伦理和研究规范的考虑，本书对所有博文进行了编号，以代替博主个人信息。2.75亿条博文的每一条都有唯一的编号。文中将统一在博文后标注其编号。

高了中国的国际地位。一位网民认为:"伴随着中国改革开放进程的不断深入,各国对中国共产党的关注程度越来越高。中国共产党的时代性、先进性和开放性,将获得世界各国越来越多的认同和褒奖。"(QZNH-2013-03-11)

持负面态度者,主要认为改革开放造成了一些社会问题,包括贫富差距、国有资产流失以及底层民众生活水平下降等。

值得注意的是,持正面态度的用户并非完全否认相关负面效应,很多肯定改革开放的用户也认同改革开放以后,产生了一些新的社会问题,如环境污染、分配不公、腐败等,但这些问题不能掩盖改革开放给中国带来的巨大进步。他们认为,造成贫富差距、社会不公的根本原因,不是改革本身错了,"而是没有持续不断深入改革的错"(QSXJLZ-2013-06-15)。比如,"房价太高就是改革开放半吊子的结果"(CJ-2018-03-24)。目前仍应该加大改革的力度,全面深化改革;要在改革的深水区试水,全面攻坚。

从网民的正负面态度倾向看,对改革开放的不同观点基本延续了思想理论界的论争思路,表现出一定的立场取向。立场取向是建构社会思潮类型学必不可少的要素,从近几年互联网上的各种观点来看,国家立场、底层或弱势群体立场、社会中上层立场构成了网络社会思潮的三种主要立场取向(桂勇、黄荣贵、丁逸,2018)。基于与改革开放相关的博文的质性分析发现,三种取向中的国家立场、底层或弱势群体立场往往成为对改革开放的正负面态度的分野标志。但普通网民对改革开放的论争亦发展出自身独有的特征,从思想理论界对价值观念、理论资源、立场取向的讨论内化为人民群众的生活体验和思维方式,形成一种"日常化的改革开放论争"。

一方面,对改革开放持正面态度者,往往站在国家的立场上,以政权、党和政府为出发点来考虑问题,倾向于对现有体制肯定和辩护(Han, Rongbin, 2015),表现在日常化的论争中,将改革开放作为一种先进文化和美好生活的想象,承载普通人对美好生活的定义与期待。如有博文写道:"初二带老婆孩子来深圳锦绣中华玩,内急去洗手间,惊呆地发现,这里的厕所一片和谐景象,深圳不愧改革开放前沿城市啊!"(CP-2013-02-11)在这类博文中,网民并没有专门讨论改革开放议题，但从语境中可以发现，网民脑海中预设的改革开放，是肯定国家、肯定体制的积极想象。

另一方面，对改革开放持负面态度者，往往站在底层或弱势群体的立场上，以底层或弱势群体为出发点来考虑问题，倾向于批评社会的不平等（Li, He, 2015），表现在日常化的讨论中，将改革开放这个词在诸多权利表达中频繁运用，以提升权利诉求的合法性和权威性。在这类文本中，网民往往有明确的诉求目标，改革开放更多地表现为一种工具性的抗争符号。

在相当多的博文中，改革开放被作为政治性资源加以利用，以提升诉求表达的"格局"。如网民将日常生活中遇到的不满意的民生问题，以改革开放的"好日子"作为"标杆"，呼吁政府改善交通环境："【这段路该修修啦】短短一段道路破旧不堪，当地群众感叹：过着改革开放的好日子——舒心；每天看着如此破旧的路——烦心！希望××区领导及有关部门实地察看一下，尽快整修这段道路，切实改善当地的道路交通环境。"（HA-2013-01-16）

总的来说，微博空间对改革开放的论争，不仅具体化为经济是否实质发展、民众生活水平是否实质提高、政治是否清明、未来是否值得期待、道路是否偏离社会主义、文化是否繁荣、社会公德民众道德是否滑坡等改革开放战略本身蕴含的社会问题，涉及党和国家的战略方针及社会层面的公序良俗；也具体化为日常生活的优势参照系和各种权利表达的抗争符号。网民在大量生活体验中提及改革开放，在众多利益诉求和价值诉求表达中运用改革开放，涉及社会价值观、家庭、个人等日常化实践。大量微博显示，改革开放已经从思想理论界的争论内化为人民群众的生活体验甚至思维方式。改革开放在互联网上表现为一种国家战略与生活体验兼具的社会存在。

四、议题的演进：从"内部论争"走向"外部关系"

为进一步呈现网络上对改革开放的论争维度和主要议题，我们构建了2013年和2018年微博场域中对改革开放一词讨论的语义网络，由此呈现改革开放的"网络镜像"。在具体分析中，以点的大小代表词汇在语义网中的接近度

(closeness)大小:接近度大的词汇在语义网络中占据更为核心的位置。

(一)2013年:路线的论争、比较的逻辑、历史的延续

如图4-2、图4-3、图4-4所示,2013年改革开放议题共分成3个子网络,既有对政治路线、中国道路方向的争论,也有经济生活层面的比较,还有对党的"十八大"、十八届三中全会全面深化改革政策的探讨。

(1)子网络1(见图4-2):以"国家""政治""人民""民主"等热词为中心,围绕中国政治道路和路线问题展开争论。网民探讨"中国该往何处去"的问题。

中国应该走怎样的发展道路,是不同社会思潮争论的核心议题。一部分网民支持国家改革开放,在经济上要求更加开放的市场机制并积极推进中国融入经济全球化进程;另一部分网民则认为,改革就是受资本家剥削,开放是受帝国主义、殖民主义剥削,私有制是一切不公平现象的根源。

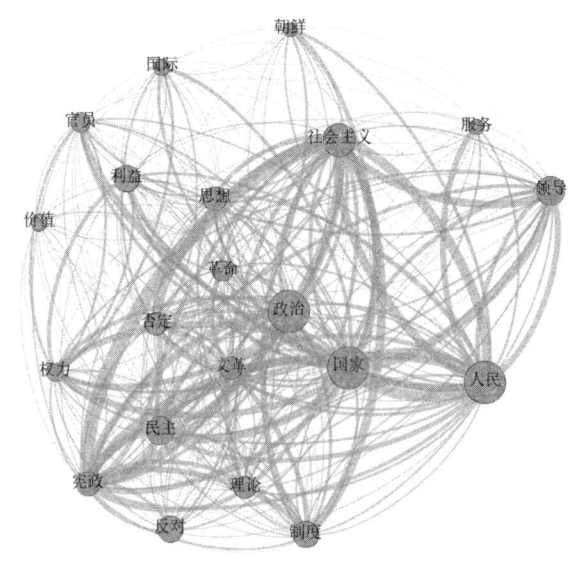

图4-2 2013年改革开放语义网子网络1

其背后,是普通网民以获得感为标准发展出的立场取向与价值选择。

(2)子网络2(见图4-3):以"经济""发展""社会""市场""文化"等热词为中心,围绕改革开放的经济成就、社会发展成果展开讨论。改革开放的合法性在比较中产生,网民在比较的逻辑中理解改革开放。

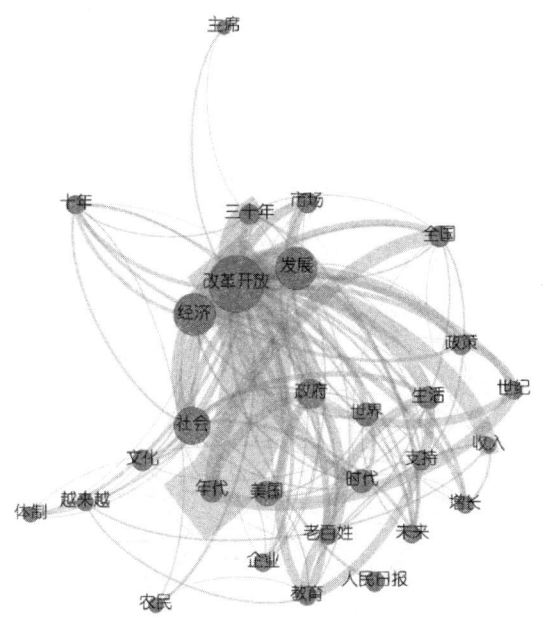

图 4-3 2013 年改革开放语义网子网络 2

经历 40 年的改革开放,中国经济取得巨大成就,社会建设、文化建设和体制建设日益完善,人民收入显著增长,生活水平大幅提升。改革开放使中国社会发生了翻天覆地的变化。改革开放是中国社会主义制度的自我完善和发展,其带来的一系列成果证明了中国特色社会主义道路的正确性与优越性。

"越来越""三十年"等热词显示,微博用户对改革开放所持的态度主要基于比较的思路,比如看到国家更加富强、经济更加繁荣、社会在成长、生活水平在提高、个人选择增多,等等;也看到官员腐败、环境污染、国有资产流失、社会分配不公,等等。相关讨论以改革前和改革后为对比,从不同面向出发论证自己的价值选择。如谈到食品安全问题,有网友转发:"中粮董事长宁高宁说,中国食品问题并没有看起来那么严重。我们必须有基本判断。改革开放 30 年来,中国食品质量整体是上升的。"(TSLH-2013-07-15)

(3)子网络 3(见图 4-4):以"历史""十八大""(十八届)三中全会"等热词为核心,围绕政策层面全面深化改革展开讨论。网民在党的理论、实践创新中理解历史的、延续的改革开放。

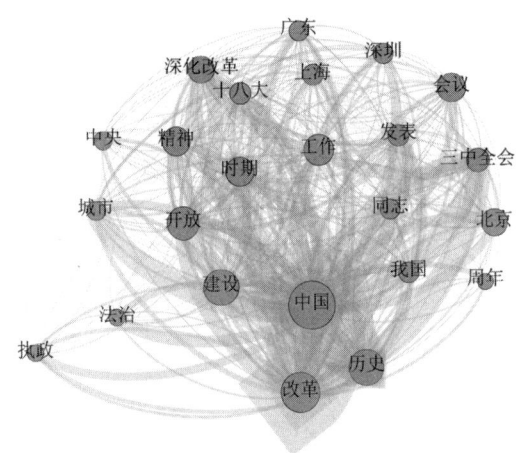

图 4-4 2013 年改革开放语义网子网络 3

党的十八届三中全会提出,全面深化改革的指导思想,要坚定信心、凝聚共识,统筹谋划、协同推进,坚持社会主义市场经济改革方向。

可以说,2013 年围绕改革开放的网络讨论,被国家政策及其精神深深地设置了议程。网民将党中央提出的全面深化改革,理解为改革开放精神的历史延续与时代创新,从改革开放向纵深发展的角度展开讨论。"上海""广东""深圳"等热词代表了改革开放、全面深化改革两个阶段的标杆城市。网民一边讨论"深圳永远是改革开放的最前沿啊"(APSYCR-2013-07-05),一边感慨2013 年上海自贸试验区成立后,发展势头喜人。改革不断向纵深推进,标志着我国现代化建设、全面深化改革与扩大开放的步伐稳步推进。网民在历史的、延续的过程中理解党的理论创新和实践进步。

(二)2018 年:改革的成果、纪念的话语、对外的关系

如图 4-5、图 4-6、图 4-7 所示,2018 年改革开放议题也分成了 3 个子网络,包括对改革开放建设具体成果的讨论,对纪念改革开放 40 周年文艺宣传作品的讨论,以及对改革开放与世界关系的讨论。

(1)子网络 1(见图 4-5):以"中国""国家""人民""生活""建设"等热词为核心,围绕改革开放的建设过程展开讨论。网民以务实的态度,讨论改革开放建设的具体议题,总结改革开放的成果与经验。

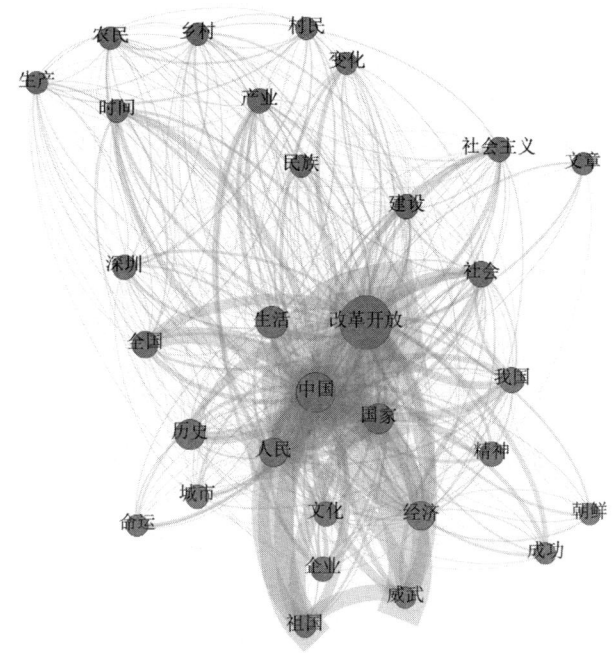

图4-5　2018年改革开放语义网子网络1

改革开放为中国带来了巨大的变化，人民生活水平不断提高，让中国在经济建设、政治建设、文化建设、社会建设、生态文明建设方面取得了重大成就。与2013年的子网络"比较的逻辑"相似，2018年的热词"变化"与2013年的热词"越来越"都意味着网民在比较的过程中理解改革开放。

与此同时，不同于2013年改革开放语义网子网络2，2018年改革开放语义网子网络1多了不少具体的建设面向，如"农民""农村""产业""文化""企业""民族"等热词。可以看出，网民在2018年全面参与了对改革开放各方面建设成果的讨论。

以热词"农民"为例，有博文总结40年建设成就："改革开放40年后的今天，数亿中国农民摆脱了贫困，村庄变成现代化的城市，配备高科技设备的火车在大都市之间穿行。"（BPZQ-2018-05-11）

有博文对改革开放前后进行比较："1978年，全国有4 000万户农民的粮食只能吃半年，还有几百万户农家，从冬到春全靠政府救济，靠借粮或外出讨饭度日。也是这一年,约有 2 亿人每天挣的现金不超过 2 角,有 2.716 亿人每天挣 1.64 角,有 1.9 亿人每天挣约 0.14 角,有 1.2 亿人每人每天挣 0.11 角。——《大转折的瞬间:目击中国农村改革》"(XWBXDYP-2018-01-08)

通过定位相关热词所在的博文,我们发现,对于改革开放建设过程中的具体问题,正面态度与负面态度大多是基于总结成果、经验、教训的角度出发的,是具有建设性的积极意见。

(2)子网络 2(见图 4-6):以"电视剧""故事""献礼"等热词为核心,围绕纪念改革开放 40 周年的文艺宣传活动展开讨论。这说明精神文明建设渗透到了网民的日常生活中,主旋律与流行文化的结合方式符合网民的品位。此外,这也与微博平台日趋娱乐化的特征有关。

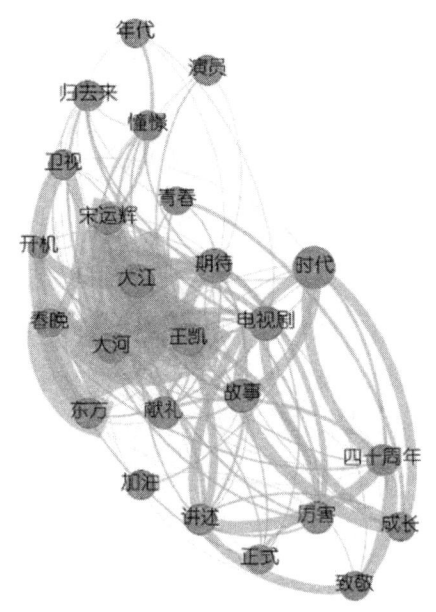

图 4-6 2018 年改革开放语义网子网络 2

(3)子网络 3(见图 4-7):以"开放""发展""改革""国际""美国""海南""未来""创新"等热词为核心,围绕改革开放如何走向未来、走向世界展开讨论。在复杂多变的国际环境下,中国网民开始思考改革开放与世界的关系及其对世界的意义。

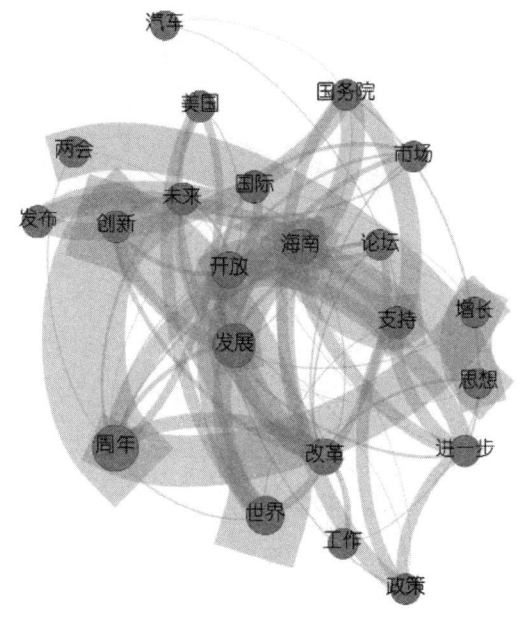

图 4-7　2018 年改革开放语义网子网络 3

改革开放 40 年后的今天是决胜全面建成小康社会的关键时期。伴随国际环境日趋复杂，改革开放也进入深水区。

一方面，新时代的改革开放在过去的辉煌成就基础上继续累积经验，上海自由贸易试验区、深圳大鹏新区、河北雄安新区、天津滨海新区等的开发建设如火如荼，海南博鳌亚洲论坛、上海首届进口贸易博览会等以极大的魄力将"引进来"与"走出去"相结合，推动开放创新。改革开放成为举世瞩目的"中国现象"，被许多国家研究、效仿。特别是针对朝鲜问题，大量中国网民围绕"改革开放"的经验输出展开了热烈讨论。

在许多网民眼中，改革开放已经成为一项可供世界参考的道路选择，并能够被积极地推广出去。其背后反映的，是改革开放 40 年成就带给中国人民的道路自信。

与此同时，新时代的改革开放也面临后全球化时代的中美关系与新时期的世界格局问题。其中，如何理解改革开放与独立自主的关系成为网络论争的核心议题。有网民认为，外部压力可以更好地促使我们改革开放："过往的改革开放历史表明，只有在外部压力足够大的时候，中国才会开放市场，由开放进而倒逼国内改革。"（RMZ-2018-04-07）也有网民从核心技术安全的角度出发指出："改革开放，独立自主，皆不可少。"（SYZHCM-2018-04-22）

（三）"如何看待西方"成为改革开放网络讨论的新维度

6年来，网民对改革开放论争的核心议题有着明显的演进趋势。

第一，伴随着网民对改革开放正面态度的持续上升，网民对改革开放的内部意见分化有所下降，更具实践意义、更加务实的对建设政策、建设内容的讨论，推动网民逐渐从对意识形态的争论转向积极关注并参与对党的具体建设政策的讨论。

第二，伴随着改革开放进入新的历史时期，改革开放对世界的意义日益凸显，推动网民从国内的路线论争转向更加关注改革开放的国际面向。对于作为一种网络社会思潮的改革开放，网民从对"改革开放到底好不好"的论争，发展为对"改革开放如何才能更好"的讨论，而平衡改革开放与独立自主的关系方面，网民关注从"中国的改革开放"走向"世界的改革开放"。

第三，在这一转变的过程中，如何看待"西方"，成为论争的新维度和建构社会思潮类型学的新要素。不同于国家立场、底层或弱势群体立场、中上阶层立场等立场取向的划分，2018年以来的大量博文显示，具有相同立场取向的网民也可能在对外关系、对美关系方面拥有不同的看法。关于改革开放与独立自主的关系的论争大幅增加，成为改革开放网络论争的新维度。

五、理解作为一种网络社会思潮的改革开放

本节基于2013—2018年总计2.75亿条新浪微博博文的大数据文本分析，在思想理论界之外，提供了一个普通网民的研究视角。研究发现，改革开放表现出特有的"民间特征"与"中国底色"。理解改革开放何以作为一种网络社会思潮发展、演进，有助于我们更加深刻地理解中国的网络空间、社会思潮乃至中国特色社会主义。

（一）网络社会思潮表现为一种"日常化的讨论"，其主要内容来源于网民自身的生活体验，其议题偏向更具务实态度与实践意义

特定思想理论资源要成为一种社会思潮，必须能够引起广泛的社会共鸣，支持或合法化特定对象的利益和权利。不能与普通民众的社会心态产生共鸣的，就不是真正的社会思潮，而仅仅是一种思想理论资源。

作为一种网络社会思潮的改革开放，其主要内容在很大程度上来源于网民基于自身生活体验和获得感的关注。网民对改革开放的讨论，大多是对"中国该往哪里去"的宏观层面的理解，较少从西方价值观出发，"市场"等热词在语义网中的位置比较边缘，"民主"等热词在2013年的博文中也多是转发微博大V的言论，并在2013年以后渐趋弱化。网民对改革开放的理解，更多是基于自身的生活经验，从中国和日常生活出发讨论改革开放。

作为一种网络社会思潮的改革开放，其议题偏向更具务实态度和实践意义。近6年的重要趋势是，伴随着对改革开放正面态度的持续上升，相关讨论更具实践意义，更加聚焦务实的政策、举措。网民更加关心海南的开放、上海自贸区的发展和深圳的活力，更加愿意讨论十八届三中全会"全面深化改革"的精神，更关注中美贸易摩擦对中国改革开放大局的影响。"我们不应否认社会存在这样那样的问题，但也不应否认改革开放的成果。鱼与熊掌无法兼得，没有妥协就没有发展。当初柳传志曾告诫杨元庆要学会妥协，治理企业尚是如此，治理国家恐怕更难……"（TB-2013-03-09）类似的博文都是网络讨论从争论"改革开放好不好"转向"改革开放如何才能更好"的标志，意味着普通网民对改革开放的态度在一定程度上达成了一定共识。

（二）网络社会思潮是多元、立体、变动的存在，其内部的多重面向以及历时性演进表明，研究者需要结合多重因素来理解复杂的态度类型

支持向量机的监督学习法和语义网分析显示，网民对改革开放的态度，是多元、立体、变动的存在。

就语义子网络分析，改革开放形成的议题多元，包括政治路线的论争、经济生活的比较、政策层面的历史延续，也包括具体建设内容的总结、娱乐化的纪念话语及对外关系的面向。每一年甚至每个月都有可能形成独特的议题聚焦。这是具有丰富内涵的网络社会思潮。

就网络社会思潮的类型要素理解，用线性思维模式来理解网络上的改革开放论争具有明显的局限性。区分网络社会思潮中的态度取向，可能存在立体的分野要素。如"阶层立场取向"，能划分大部分的态度倾向；"如何看待西方"，则成为新时期网络讨论的新维度与新要素。

就历时性的演进过程看，网络社会思潮是变动的存在，其背后有复杂的运作机制和环境影响，不同的思潮总是在变动中确定自己的边界，改革开放也从内部论争走向了对外关系。研究者应当在多元、立体、变动的过程中，结合多重因素理解复杂的态度类型。

（三）中国特色的网络生态演进影响网络社会思潮走向，改革开放是具有"中国底色"的网络社会思潮

针对中国网络空间、网络生态的早期研究认为，随着社交媒体的发展，国家对在线空间的主导话语权，在一定程度上有所式微（Tong, Yanqi and Shaohua Lei, 2013）；新近的研究则揭示了更复杂的图景：网络社会思潮不再被批判性话语所主导，民族主义话语、支持现有体制并为之辩护的话语也成为重要的在线力量（Cairns, Christopher and Allen Carlson, 2016）。改革开放讨论的6年演进，基本符合学者对中国网络空间生态的研究判断。在这一过程中，聚焦批判性话语的内部论争逐渐式微，对对外关系的探讨及对改革开放成果的正面论述逐渐凸显。

我们基于微博博文的分析发现，意见领袖、大V的变化亦可能直接影响网络论争的走向。2013年，在普通网民发表的博文中，有大量博文转发大V言论，网络大V在相当多的议题上态度较为激进，常常"带领"普通网民走向极化。2014年后，伴随着清朗网络空间的建设行动，一些极端意见大V逐渐退场，普通网民转发追随大V言论的现象大大减少，取而代之的是网民自身的直接态度表达更趋温和。可以说，网络上针对改革开放的论争进程，也伴随着中国网络舆论场的演进过程。

姜义华先生谈到中国改革开放40年时指出，尽管这场文明运动是面向西方的，但其底色却是中国的（姜义华，2017）。我们发现，尽管围绕改革开放的论争不断，中国普通民众对于改革开放的理解仍是从中国自身出发、从日常生活出发的，务实性和实践性是其普遍特征；毛泽东思想、邓小平理论是被应用最多的理论资源；"党的领导"在网络讨论进程中影响深远；代表西方价值观的热词未能占据语义网络的中心位置。可以说，网民心目中的改革开放已经烙下深深的"中国底色"。

第五章
网民与网络关键群体演进
（2000—2020）

互联网的诞生，赋予研究者大量想象空间，从去中心化、扁平化到减少不平等、推动普惠价值，从话语空间拓展、媒介赋权到新公共领域建构、理性时代来临等等。但互联网发展至今，我们看到更多的，是令人困惑的"互联网之问"。互联网本身是平等的，能促进减少不平等，但事实上互联网造成了更大的不平等，反映在数字鸿沟和社会资本分化上；互联网能够促进宽容、理性的公共空间的形成，但我们在网络上看到更多的，是民粹主义盛行，是极化、撕裂和论争。

大量研究聚焦于"数字鸿沟之问"（互联网扩大还是缩小了社会的不平等？）、"公共空间之问"（互联网促进了社会的开放还是社会的封闭？）等，各说各理。但跳出这些问题和现象，从更加长期的趋势和结构出发，我们发现了另一个网络空间演进的规律，即互联网带来什么样的后果，事实上取决于什么样的人在使用互联网。对于善用互联网的那一部分人来说，互联网带来了更为丰富、低成本的知识体系与更好的发展机会；对于开放、理性的那一部分人来说，互联网提供了前所未有的公共表达空间和公共交往领域。但这类人在整体人口中是偏少的。这在互联网发展早期并不明显，但是随着用户规模扩大、用户群体下沉及所谓的"互联网红利"的耗尽，网络人口结构特征也在发生巨大变化，带来了网络用户认知与观念的差异性扩大，带来了信息流环境与特定思想观念的异质性。

互联网塑造了影响中国舆论场的三大关键群体，伴随着网络舆论场的阶段性演进发展至今。1994年我国接入互联网后，以经济和文化精英为主导的第一代网民推动着网络舆论在中国的萌芽。这一阶段网民的主要特点是知识层次普遍较高，网络舆论多由社会精英主导。由于互联网技术形态和普及程度的限制，当时的网络舆论对社会的渗透程度有限，只有当涉及国家主权的重大事件发生时，网络舆论才会进入社会公众的视野。但是，由千千万万普通民众构成的网民群体正在逐渐孕育并不断壮大。他们不仅是国家意志作用的对象，同时也是悄然作用于国家意志的力量。他们不仅是精英推动的对象，也逐渐成为推动精英的力量。网络舆论在网民的不断成长中集聚发展的能量。2003—2013年，我国网络舆论场进入成长期和爆发期，网络舆论成为社会舆论的重要组成部分，并开始深刻影响中国政治生态。这一阶段主导网络舆论走势的是低收入、低年龄、低教育水平的"三低人群"。这一群体对于此起彼伏的舆论事件"一哄而来，一哄而去"，关注热度高，但热点转变快，利益诉求占据主导。2009年微博诞生后，中国的网络舆论场中既有传统媒体、意见领袖，也有大量草根领袖和普通大众，网络舆论进入了高频、常态化、多元力量共同推进的阶段，也呈现出混乱与噪音四起的状态。2014年以后，中央网络安全和信息化委员会大力推进清朗网络空间建设。伴随舆论场演进，关键群体鼎立的网络舆论场环境形成。本章从网民与网络关键群体演进的面向，聚焦于底层、中等收入群体、网络新生代青年，推进中国网络空间关键意见群体结构变迁研究，探索网络舆论场意见表达的时代特征与网络空间深层重构的长期趋势。

第一节 网络空间底层化：从"底层客体性时代"到"底层主体性时代"

不同于美国在跨入互联网时代的最开始就拥有大量使用人群，2000年时互联网渗透率已达到52%（Pew，2000），中国同期上网用户人数约为2 250万人，仅占当年国内人口总量的1.74%（CNNIC，2000）。纵观2000年至2019年的美国互联网使用数据可以发现，美国的互联网人口始终是学历越高，互联网使用率越高（Johnson，2021），其网络空间长期由受过良好教育的中产阶层作为关键群体，掌握着核心话语权。相比之下，中国的互联网人口结构则有着完全不同的表现。CNNIC近20年历次中国互联网络发展状况统计调查数据显示，大专及以上学历的互联网人口占比，从2000年的84%，到2003年的57.2%，2014年降至21.4%，及至2020年为19.8%。

中国网络空间正在经历深刻的底层化过程。本节在互联网的整体转型中，尝试以"底层主体性时代"这一相对系统的解释框架，探索网络舆论场意见表达的时代特征与网络空间深层重构的长期趋势。基于底层主体性时代的表征和机制研究发现，底层价值取向作为网络空间的关键立场基准，成为网络空间好感度最高的指标，成为各类社会思潮争相利用的对象；底层群体作为网络空间的关键意见群体，以其浩荡的表达声量和影响力，形塑中国的网络舆论场；"底层客体性时代"向"底层主体性时代"的转变，成为理解网络空间的演进方向的新视域。其背后，是多级信息生产、平台商业逻辑与网络空间底层性形成的深层机制。

一、研究缘起

当前有关网络空间的演进规律及其影响因素的研究，多聚焦于技术、政治、监管、资本等力量与网络空间的相互作用（Castells，2010；Hepp, Hjarvard and Lundby，2015）。比如，国家有关部门的监管政策很大程度上形塑着互联网平台、重要传播节点以及一般网络用户的行动模式，国家采取硬件基础管理和平台治理等多种手段对网络空间进行治理（King, Pan and Roberts，2017），可以改变网络空间的主要话语生态（Tong and Lei，2013；Han，2015；桂勇等，2018）；商业竞争驱动不同平台占据不同的细分市场，从而出现不同定位的社交媒体平台，进而影响网络表达；商业资本通过推荐系统、水军、机器人、虚假评论等方式渗透进网络空间的方方面面，影响人们的社会认知（Damm，2007；Yu, Asur and Huberman，2015；罗教讲，刘存地，2019）；社交媒体平台通过算法向用户推荐有针对性的信息，从而带来平台的算法审查和特定偏向（方师师，2016），等等。

以上研究在多元力量影响互联网的路径中部分展现了网络空间演进背后的规律和特征，但大部分研究结果无法解释前面提到的一些深层次的网络空间现象和问题，亦无法以一个相对系统的整体性解释框架对中国互联网的长期趋势做出阐释。技术、政治、资本、监管等种种影响网络空间走势的动能，作为一种影响机制，最终都要汇聚到"人"（网民）的身上。中国互联网人口结构的变迁、演进，可能成为理解中国互联网发展规律的重要切口。

已有部分研究关注到经济社会地位、文化资源、群体素质、人数规模等差异显著影响着普通网民在互联网上的互动表达及其分化（Rains et al., 2017；Fu & Chau, 2013；赵云泽，韩梦霖，2013；邵春霞，彭勃，2015；郑雯等，2017）：与社交媒体上的激进政治活动相关的经验和态度因种族、年龄和党派而异，西班牙裔和黑人社交媒体用户比白人用户更有可能在社交媒体上查阅有关抗议和集会的信息（Pew, 2020）；中国新浪微博意见领袖的社会思潮倾向与该用户的经济社会地位存在明显的对应关系（Huang, Gui and Sun, 2019）；网络极端情绪人群的类型与年龄、职业和教育水平等用户特征具有明显的对应关系（桂勇等，2018）；具有较高社会经济地位的网民更偏向于认同右翼思潮（Pan and Xu, 2018）；社会底层在互联网讨论中表现出明显的左派倾向，而中间阶层由于内部分化和利益多样化，政治倾向呈现多元特征（唐芳，2009）。相关研究虽然从丰富的面向探讨了相关问题，但相对整体性的分析框架远未形成，亦缺乏历史的、动态的、随时间演进的研究视角。

笔者认为，底层在互联网人口结构中的重要演变趋势及其对网络空间的演进的深刻影响，介乎结构、叙事与机制之间，值得高度关注。虽然"底层"本身的概念存在模糊性，在传统社会分层理论中并非明确指向某个阶级、某种职业或某种身份，而是一个由经济、政治、文化、社会等多元维度建构的复合型概念，但是就底层社会的基本样态来看，存在一些基本共识，比如生活贫困、经济诉求为主、持续性发展能力弱等等（文军，吴晓凯，2015）。当下国内研究指称的中国底层群体/底层社会，主要由贫困的农民、进入城市的农民工和城市中以下岗失业者为主体的贫困阶层构成（孙立平，2002）。这一社会群体概念，从诞生之日起就蕴含着社会结构、社会层级方面的"高下差异"，与"中间阶层""精英阶层"等概念相对，在受教育水平、收入水平、职业身份与社会地位等方面存在特殊指向性。不同于文化概念中的普罗"大众"，底层研究长期以来蕴含着"弱者抵抗"的学术价值取向，强调对社会弱势群体的关注及对其权利的争取。在这一学术脉络下，对互联网与底层的研究，往往集中在媒介对底层弱势群体的关注、底层群体通过互联网赋权的抗争性表达上（许向东，2008；

李红艳，2016），重点对底层群体的观念认知、媒介接触与使用、网络素养状况、情感和生活行为等展开调查（方晓红，2002；郑素侠，2013；陶建杰，2016）。

互联网在底层群体集体赋权（collective empowerment）以及构建弱势群体集体表达空间（deliberative space）等方面发挥作用（Qiu，2016；Yin，2018；Sun，2009，2014），在不同国家和地区的实证研究中被不断检视（Mehra et al.，2004；Mitra，2010；Jue，2016）。但现有研究长期囿于"底层抗争""底层关注""底层发声"的范式，将底层研究限定在冲突性的关系结构中，遮蔽了中国底层群体和底层社会的主体性和能动性，以自上而下的视角将底层作为社会弱者看待，暗含了对底层群体的"问题"想象，忽视了底层对媒介生态的反向建构。事实上，在被互联网与新媒体赋权的过程中，中国的底层群体正以愈加成规模的表达声量和行动力，影响网络舆论走势及其背后的社会认知、社会情绪、社会思潮，在持续演进并重构的过程中，成为影响网络空间的权力结构、力量格局、价值取向与运行逻辑的关键要素。从更大的政治社会图景看，底层作为网络空间中的重要变量，既受到互联网与新媒体的影响，也反过来影响着网络舆论场背后的潮汐大势，成为前文所述的理解中国网络空间多重问题的砝码。底层在被媒介赋权的同时，亦激发了社会变革特别是互联网演进的原生动力，对社会结构、媒介环境、网络生态的反向影响正在加速凸显。

本节跳出底层研究的"弱者抗争""媒介赋权"等传统路径，将底层作为具有显著、稳定、成熟的网络表达特征和群体价值属性的关键群体，作为具有庞大用户基数的网络空间的能动性力量，以"底层主体性"的学术视角研究中国网络空间底层化过程中的网络表达、社会情绪、社会思潮、价值取向与平台逻辑，尝试描绘中国网络空间"底层主体性时代"的表征、机制及其发展趋势。

作为西方近代哲学的核心概念之一，对"主体性"比较流行的界定认为，主体性是在主客体相互作用的实践中表现出来的自主性、能动性、创造性、目的性等主体属性（陈海平，2006），其核心内涵是主体凭借和发挥其本质力量，通过对象性活动，按照为我目的、为我倾向去把握客体（沈晓珊，李林昆，1991）。随着对底层的研究从被动转向主动，我们以马克思主义的立场来推动本节对主体性概念的使用,即主体性主要显示出主体在主客体关系中的主导地位和支配作用。

有学者(刘守和,1992)指出,研究主体性首先必须区别两种不同的主体:一种是占多数、占主导地位意义上的主体,主要从量的方面来划分,比如"以公有制为主体发展多种经济成分"中的主体;另一种主体是主客体活动中的主体,与客体是一对矛盾,是辩证法的一对范畴。本节建构的底层主体性,既表现在量的层面占多数的底层主体,也表现在质的层面能够作用于客观对象的主体。底层群体在网络空间与精英阶层、中间阶层交往互动从而取得主体性的过程,一方面受益于互联网不断下沉使其在量的层面占据主导地位,另一方面是底层通过其自身在网络舆论场的深度浸入,在实践层面发生了质的改变。他们发挥主观能动性和创造性,对网络空间进行机制性的重新建构,从而颠覆了网络空间原有的主体人群,发展出底层自身的主体性。

与此同时,马克思交往实践观认为,作为社会历史发展基础的交往实践活动本身蕴含着双重关系:其一是人与自然之间的关系,也可以说是主体与客体之间的关系;其二是人与人之间或群体与群体之间的关系,也可以说是主体与主体之间的关系或主体间性(柴秀波,2011)。本节所讨论的中国网络空间进入底层主体性时代,也建立在对这双重关系的讨论之上。底层主体性时代,既讨论底层在建构互联网生态环境时所体现的主体性,也讨论其在与其他群体之间的交往实践中逐渐改造交往关系、占据主导地位、发挥主要作用的主体性。底层、中间阶层、精英阶层等各类群体以互联网作为对象性活动的中介进行交往实践,发生交互关系的过程,也是底层在其中增强自身主体性力量的过程。

研究将围绕以下三个核心问题展开:

(1)底层主体性时代具有怎样的表征?底层价值取向如何成为网络空间的关键立场基准,在各派网络社会思潮的争夺中,推动中国网络空间成为底层取向的网络空间?底层群体如何成为网络空间的关键意见群体,以巨大的舆论声量,影响网络表达和社会情绪,从而塑造网络舆论场的底层化?网络空间底层化如何从"底层客体性时代"走向"底层主体性时代",表现出怎样的阶段性特征和发展方向？

（2）如何理解底层主体性时代背后的机制，理解舆论场的新型信息生产机制和平台商业逻辑？

（3）底层主体性时代的未来具有怎样的趋势？如何理解底层群体与其他群体的主客体关系？网络空间底层化是一个中国特色问题还是一个全球性问题？

二、底层：作为网络空间关键立场的价值取向

中国改革开放以来的社会变迁，不仅表现为经济体制的转轨、政治体制的改革和社会结构的转变，还表现为中国人思想观念与社会心态的嬗变（沈杰，2003）。从结构层面深入到精神层面来系统描述、理解和解释中国人的观念与心态的变迁，才能赋予转型研究以完整的意义（周晓虹，2011）。网络空间的底层化，渗透着代表精神层面价值取向的底层特质，不仅局限在社群结构的变化，亦在精神价值层面，在纷繁复杂的网络论争和网络思潮背后，凝聚出具有典型性的独特的中国网络空间价值取向规律。

近20年来，中国网络空间的底层化，是逐步演进而非割裂的过程，具有一脉相承的延续性，突出表现在底层作为一种核心价值观，代表了中国网络空间的"政治正确"；除了继承单纯的"为底层发声""底层正义""弱者正义"等传统，更进一步推动底层作为关键的价值取向，成为网络空间好感度最高的指标，成为各类社会思潮争相利用的工具性符号，成为网络空间的关键立场基准。

（1）底层成为代表网络空间政治正确性的关键指标，成为网络空间好感度最高的指标。中国的网络空间成为底层取向的网络空间。底层劳动者生存环境差，收入低，更容易受到不公正的对待和欺压，缺乏社会流动的可能性。尽管如此，农民工、小商贩、保洁员们勤俭质朴，辛苦劳作，作为一群坚定的爱国者为城市建设和国家发展做出了很多贡献。这样的网络形象一方面为其吸引了大量关注和同情，使得底层关怀成为网络舆论场的一个重要议题，与此同时也推动了网络价值观高度偏向底层。尤其在具体的涉及底层和权力人群之间的矛盾时，如小贩与城管纠纷、警民纠纷、医患纠纷中，底层与权力人群的矛盾以

及在生存资源上与其他阶层之间的差距被舆论放大,他们的正面品质、生活际遇与社会贡献亦在网络话语中被突出放大。站在底层立场分析问题,以底层利益为首要衡量标准,使得底层成为代表网络空间政治正确的关键指标。

复旦大学传播与国家治理研究中心对 2014—2016 年通过分层抽样随机获取的 1.5 亿条新浪微博数据开展了基于向量机的监督学习法大数据分析[1],在涉及生活满意度、工作满意度、经济政治信心、群体认知、对各类民生问题的满意度,以及对党和国家一系列重大理念政策的态度,对传统文化、港台地区、网络管制等的态度,对西方民主价值观和中国政治体制的态度,对中国国际地位认可度和民族主义倾向的态度等 82 个社会心态指标中,网民对底层的好感度连续三年排名第一,且在正负面态度上呈现"单边倒"的正面倾向,几乎生成不出负面态度曲线。网络空间对底层的好感度指数 2014 年为 1 512.50,2015 年为 1 224.51,2016 年为 1 068.67,远高于其他各项指标且连续多年始终保持在好感度指标首位(见表 5-1),说明网络空间对底层群体保持极高的关注度和正面态度,网络舆论场的主流言论趋向平民化与草根化,中国网络空间是底层取向的网络空间。

表 5-1 中国网络空间社会心态指标年度排名最高的指标(2014—2016)

	2014 年	2015 年	2016 年
	底层	底层	底层
好感度	某价值观念	某价值观念	某价值观念
	个人权利	生活满意度	生活满意度

---

[1] 具体而言,以新浪微博随机博文大数据背后反映的思想价值观念为研究对象,针对 2014—2016 年通过分层抽样随机获取的 1.5 亿条新浪微博数据开展基于向量机的监督学习法大数据分析,挖掘网络价值观与网络社会思潮的总体发展趋势。运用基于向量机的监督学习法,建成了 82 个社会心态指标的人工编码库,每条指标人工编码数量达 5 000 条以上。在此基础上按照"人工编码—模型训练与评估—预测"的分析流程计算演进趋势,所获数据结果描述了网民对特定议题的好感度/反感度,其具体含义是:每万条微博中对特定议题或对象持好感度或反感度的微博数量。

续表

	2014 年	2015 年	2016 年
好感度	生活满意度 传统文化	个人权利 民族主义倾向	个人权利 民族主义倾向
反感度	转基因 权贵 某管理政策 房价 食品安全	转基因 权贵 某管理政策 房价 食品安全	转基因 权贵 某管理政策 房价 食品安全

（2）底层价值观成为工具性的传播符号，成为各类社会思潮争夺定义权和阐释权的对象，成为中国网络空间的关键立场基准。当前国内舆论场错综复杂，虽然网络上未有任何一种"主义""思潮""价值观"可以完全占据主导地位，但以底层价值观为基础的民粹主义具有广泛的社会影响力。作为政治正确的存在，底层话语成为网络舆论场最为重要的话语资源，各类社会思潮在网络舆论场内群起争夺对底层价值观的定义权和阐释权，共享"平均主义"和"民本"思想等核心逻辑。其中，"平均主义"体现在越平等越好，认为每个人代表自己才是真正的政治平等和真正的民主；而"民本"思想则体现在以"人民利益高于一切"为口号，夹杂着平等、公平、正义等正面诉求。这些核心思想观念，成为网络空间底层性彰显的重要表现。

从具体派别来看，网络民粹主义左翼分析问题的角度多从"人民"出发，高度重视底层群体与当前中国社会的实际问题，认为社会问题的关键是资本家、官僚阶级带来的社会不平等，高度推崇为人民服务、群众路线等革命传统价值观，反对权威和官僚作风，认同反抗精神，认同为打破社会不平等的底层行动的合法性。网络民粹主义右翼分析问题则多以西方自由、民主、人权等价值观为思想资源，运用自由、民主、人权等口号吸引底层关注和围观，利用底层民众反对现行建制。尽管左翼民粹主义和右翼民粹主义使用的是不同的话语体系,代表了中国革命传统话语体系和西方近现代意识形态的两个话语面向,但两者均默认底层群体具有天然的道义制高点(桂勇等,2018),在对问题的定义方面存在广泛交集。可以说,左翼意识形态持续活跃,拥有广泛的群众基础;右翼意识形态亦不断沉降到社会底层,获得大量道义同情者。左右翼抓住个别民众对当下中国贫富差距、资源垄断等现象的不满以及由此引发的对社会矛盾激化的担忧,争相利用中国网络空间的底层性,争夺话语权和舆论制高点(李良荣,2016)。底层价值观成为中国网络空间的关键立场基准。

三、底层社群:作为网络空间的关键意见群体

长期以来,聚焦网络意见群体的研究主要分为基于现实社会属性的普通网民群体研究与基于意见领袖或曰"超级参与者"的研究两类。不可否认,意见领袖对网络舆论场的形塑起到了重要作用,他们带动引导其他网民发言、交流(Graham & Wright,2014)。与普通网民相比,意见领袖具有更高的信息寻求、动员和公开表达动机(Park,2013)。但是,亦有文献揭示出普通网民群体相较于意见领袖在形塑网络舆论场上具有更为重要的作用。社会舆论与社会思潮的生产与传播不再局限于精英用户群,其生产主体日渐大众化和多元化(方付建、王国华,2010)。社交媒体中的普通网民群体在舆论趋势创建的早期阶段起着决定性作用,意见领袖或许可以在小范围内展开传播,但是只有普通网民的参与才能创造广泛的覆盖面、更具扩散性,最终形成舆论趋势(Zhang et al.,2016;Harrigan,2012)。

中国网络空间的底层化,表现在网民表达方面的底层化趋势不断增强,底层群体的影响力不断扩大。如前文所述,在现有研究中,虽然"底层"本身的概念定义存在模糊性,但总体围绕收入、教育水平、职业特征等存在一些共识。2015年,中国互联网络信息中心发布的第35次调查报告显示,产业工人、商业、服务业务工者以及失业、无业人群中的上网者已占网民总数的近一半(49%),且呈现快速上升趋势。研究发现,底层群体正在成长为用户规模最大、

潜在发声人数最多、舆论声量最大的网络力量；与此同时，在商界精英、中低端服务业从业者、边缘群体、知识分子和专业技术人员、党政军体制内工作者等职业群体中，中低端服务业从业者、边缘群体所代表的底层群体的负面情绪最为严重，社会认知与意见表达最为极端，对争议性议题的关注度最高，态度最为激切，成为网络空间里最为特殊的关键意见群体，其以浩荡的表达声量和影响力形塑中国网络舆论场。

（1）伴随移动互联网的广泛普及与互联网平台用户的总体下沉，底层群体成长为用户规模最大、潜在发声人数最多、舆论声量最大的网络社群力量。CNNIC于2020年12月发布的中国互联网络发展状况统计调查数据显示，中国网民总体学历结构中，大学专科的网民比例为10.5%，本科及以上的网民比例为9.3%，高中及以下的网民比例高达80.2%。CNNIC近20年历次中国互联网络发展状况统计调查数据显示，大专及以上学历的互联网人口占比，从2000年的84%，降到2003年的57.2%，2014年降至21.4%，至2020年已达19.8%。中国网民的总体用户结构持续向低学历人群扩散，中等和高等教育水平的群体在网络舆论场结构中大幅下降，网络空间底层化的趋势显著。

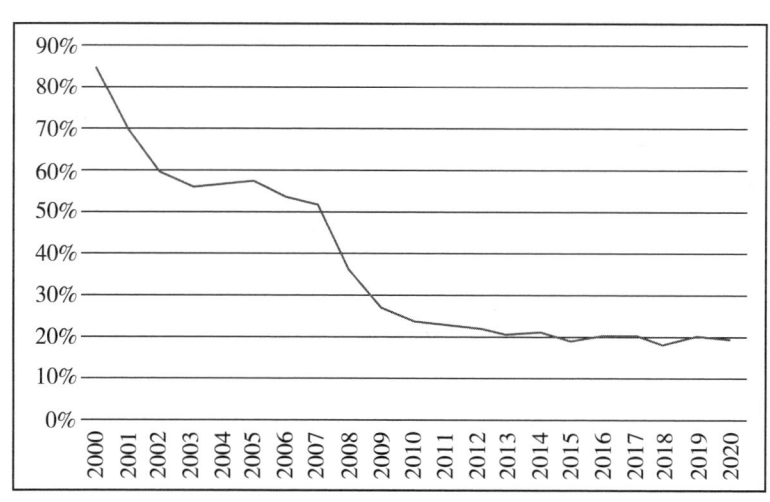

图5-1　2000—2020年中国互联网大专及以上学历网民占比（基于CNNIC数据）

从互联网人口结构和平台分布上看，以微博、微信、知乎为代表的传统互联网平台持续下沉，以抖音、拼多多为代表的新兴平台强势崛起。对比多年度的微博用户发展报告可以发现：2014年以前，微博用户相对集中在北上广以及江浙一带，在地区分布上以华东、华南地区活跃用户最多。而在2017年之后，来自三四线城市的用户加速进驻，占微博月活跃用户的50%以上。2018年以来，四线及以下城市用户占比进一步上升，从2017年的28%上升至2018年的31%，微博用户呈现出整体下沉趋势。与此同时，曾经定位为精英问答社区的知乎，也在2018年发布了"迈向普惠内容平台"的战略转型方向。根据知乎2020年联合艾瑞共同发布的《知乎用户刻画及媒体价值研究报告》，从一线城市到五线城市都有知乎用户，其中一线、新一线、二线城市用户占比为41.4%，三线及以下城市用户占比达到58.6%。以拼多多为代表的电商平台则呈现底层强势崛起、得下沉市场者得天下的状态。2015年拼多多成立时，淘宝和京东已经基本瓜分了中国电商市场，拼多多并不被市场看好。然而QuestMobile最新统计数据显示，拼多多日活跃用户已经高达2.59亿，超越手机淘宝App，登顶行业首位。截至2020年年底，拼多多年活跃买家数达7.884亿，比阿里巴巴同期年活跃买家高出940万，是京东的1.67倍。短短几年时间，拼多多成为中国电商用户规模最大的平台。下沉市场成为互联网平台的兵家必争之地，而底层网民成为各大平台的主力用户人群，其规模最大，潜在发声人数最多。

（2）相比其他社会群体，底层社群对争议性议题的关注度较高，态度较为激烈，倾向于以非此即彼、二元对立的模式思考问题与发表言论，成为网络空间的关键意见群体。复旦大学传播与国家治理研究中心以现实社会职业分类为标准，采用"职业群体—微博用户"两阶段随机抽样方法抽取3 544名新浪微博用户，样本平均分布在商界精英（私营企业主、民营企业家、职业经理人、董事长、总裁等）、中低端服务业从业者（文员、营业员、收银员、推销员、导游、出租车司机、餐饮服务人员、酒店服务人员、保安、快递员等）、边缘群体（农民工、残疾人、维权者、工人等）、知识分子和专业技术人员（大学教授、中学教师、科研人员、学者、作家、艺术家、律师、医生、记者、金融从业者、会计师、飞行员、建筑师、IT工程师等）、党政军体制内工作者（公务员、军人、警察、国企职工、居委会工作者、人大代表、政协委员、国企领导、法官、检察官等）等数十类职业群体中。通过分析样本用户过去两年发表的所有博文，对新浪微博平台覆盖多元职业、多元社会群体的网络用户所发博文进行整体分析，对其网络表达行为和社会态度指标进行编码，在此基础上使用 Logistic 回归分析方法检验网络表达方面的群体间差异。

　　研究发现，底层群体的负面情绪较为严重：生活压力感高；工作满意度低；发展效能感低；仇官仇富情绪强；不公平感强。数据显示，与知识分子和专业技术人员相比，中低端服务业从业者具有生活压力感的发生比高 53.8%；边缘群体具有生活压力感的发生比高出 2.839 倍，是生活压力感最高的社会群体。与知识分子和专业技术人员相比，边缘群体具有工作满意度情绪的发生比低 84.7%。与知识分子和专业技术人员相比，中低端服务业从业者具有发展效能感的发生比低 42.8%；边缘群体具有发展效能感的发生比低 76.0%，是发展效能感最低的社会群体。在仇官情绪表达上，与知识分子和专业技术人员相比，党政军体制内工作者仇官的发生比低 46.0%，商界精英仇官的发生比低 44.1%，而边缘群体仇官的发生比高出 1.742 倍。在仇富情绪表达上，与知识分子和专业技术人员相比，商界精英的仇富发生比低 69.4%，中低端服务业从业者的仇富发生比高出 1.299 倍，边缘群体的仇富发生比高出 5.166 倍。在不公平感的表达上，与知识分子和专业技术人员相比，商业精英具有不公平感的发生比低 46.9%，而中低端服务业从业者具有不公平感的发生比高 64.4%，边缘群体具有不公平感的发生比高出 2.556 倍。

　　与此同时，底层群体的社会认知与意见表达较为极端，对争议性议题的关注度较高，态度较为激烈。数据显示，与知识分子和专业技术人员相比，党政军体制内工作者的政治信任感发生比高出 1.55 倍；边缘群体的政治信任感最低，发生比低 59.6%；边缘群体中对我国未来经济形势持乐观态度的人员亦最少，发生比低 73%。中低端服务业从业者、边缘群体关注钓鱼岛争端与抗日战争问题等争议性议题的发生比更高。其中，与知识分子和专业技术人员相比，中低端服务业从业者的发生比高 1.317 倍，边缘群体的发生比高 0.868 倍。在中日领土争端如何解决的模型中,与知识分子和专业技术人员相比,边缘群体认为应当诉诸武力的发生比更高,高 2.801 倍。在对日货的态度模型中,中低端服务业从业者、边缘群体抵制日货的发生比更高,中低端服务业从业者的发生比高 2.696 倍,边缘群体的发生比高 2.06 倍。

表 5-2 底层群体在不同网络表达指标上的 Logistic 回归模型结果

指标	群体类型(以知识分子和专业技术人员为参照组)				
	党政军体制内工作者(发生比)	商业精英(发生比)	中低端服务业从业者(发生比)	边缘群体(发生比)	其他群体(发生比)
生活压力感	1.200	0.556**	1.538**	3.839***	0.864
工作满意度	1.460	0.853	0.806	0.153***	0.288***
发展效能感	1.165	2.609*	0.572*	0.240***	0.443**
仇官情绪	0.540***	0.559*	1.290	2.742***	1.181
仇富情绪	1.149	0.306*	2.299**	6.166***	1.503
不公平感	0.909	0.531**	1.644**	3.556***	1.018
政治信任感	2.550***	1.341	1.229	0.404***	0.817
对未来经济发展的信心	0.938	1.103	0.520	0.306***	0.476
对日本最关注的议题(钓鱼岛、抗日战争 =1)	1.809***	1.039	1.868**	2.317***	1.575
中日领土争端如何解决(应当诉诸武力 =1)	1.031	1.779	2.016	3.801**	3.538
对日货的态度(抵制日货 =1)	2.681***	1.341	3.696***	3.060**	2.912*

注:* 表示 $p<0.05$,** 表示 $p<0.01$,*** 表示 $p<0.001$;以上回归模型均控制了性别(以男性为参照组)、年龄(以 60 后、70 后为参照组)、微博使用活跃度等。

四、"底层主体性时代":作为网络空间关键演进的方向

底层始终是中国网络空间的重要存在,但其重要性和具体含义经历了"底层客体性时代"向"底层主体性时代"的重大变迁。

"底层客体性时代",伴随着"孙志刚事件""哈尔滨宝马撞人事件""重庆钉子户事件""我爸是李刚事件""宜黄强拆事件"等在网络舆论场引发巨大声浪的民意事件,伴随着中国网络舆情事件数量逐年上升、爆发力度越来越大,伴随着 Web 1.0 向 Web 2.0 的技术形态升级、以新浪微博为代表的社交媒体崛起,在网络舆论场的成长过程中,在网络生态的转型升级中,底层逐渐成为网络空间的重要力量,集聚发展能量。这一阶段的底层,是大量低收入、低年龄、低教育水平的"三低人群",他们对于此起彼伏的舆论事件"一哄而来,一哄而去",关注热度高,但热点转变快,具有鲜明的利益诉求而非价值诉求。他们长期以来作为"意见领袖"(或曰大 V 群体)的"追随者""群众"甚至"附庸"存在,作为被关注的弱势群体或需要"被发声"的对象存在,作为网络舆论场中被解构的话题符号、被叙事的"客体"对象存在,在仇官仇富事件、大 V 煽动性言论中发声,影响网络空间走势。这一阶段的舆论形势,往往由意见领袖煽动而起,推手众多,派系严重,依托底层快速启动"同类聚集效应",造成浩荡的舆论声势,使得非理性情绪突出。但总体来说,底层在互联网上虽然影响很大,却是作为被消费的符号和议题存在。受制于技术形态和互联网渗透率的限制,底层仍然是"被动"的底层,是作为"客体"的底层,是网络空间中的重要力量而非主导力量。在意见领袖占据网络舆论场单中心节点的舆论结构下,底层注定只能成为被言说、被叙述的客体符号。

直到政治逻辑下的网络空间治理使得互联网传播生态发生整体性变革,清朗网络空间行动打破了意见领袖一呼百应的单中心舆论格局,以意见领袖煽动底层网民的传统舆论风暴模式为特征的"底层客体性时代"解体,中国网络空间开始进入"底层主体性时代"。

2014 年以来,曾经的大 V,或失声(沉寂、被销号),或转场(微信等),或转型(变营销号),针对体制的批判情绪降温,冲击减缓,直接导致了网络舆论生态中利用底层民众围绕少量中心节点一呼百应的"单中心"现象大幅减少,占据网络用户结构越来越多的底层的注意力更多地投入分散的平台、议题和人物上。与此同时,以短视频为代表的新传播技术大大降低了互联网表达门槛,制作流程化、身体展示性强、全民参与度高等特点使得底层获得了拥有主体性的基本保障，得以充分动员语言、传统、历史、文化、政治等各种在地资源，将互联网深深嵌入其日常生活，在传播实践中逐步建立起具有底层特色的话语模式和文化样态，不仅在内容上高度再现底层议题，更初步形成一套具有底层价值立场的诠释框架，呈现出鲜明的群体文化特色。底层，从作为议题、话题和被消费对象的叙事客体，变成真正的网络空间叙事主体，不仅是国家意志和社会精英推动的对象，也开始悄然作用于国家、社会，成为推动互联网的主体性力量。

（1）新媒介技术进一步降低传播门槛，推进更加多样化的职业展现，提升社会可见度与群体认同感，推动底层群体拥有更多基于平等和尊严的主体自信。文字时代处于信息生产机制边缘的底层，在视频社会化时代开始走向信息生产的前台。便于拍摄和自拍的高清手机摄像头、短视频应用程序，操作简单的"一键上传"模式和丰富的视频制作工具，为普通人的视频创作提供了丰富的土壤，增强了更多样的底层职业可见性，整体提升了社会"可见度"，从而激发了社会情感共鸣，增进了底层群体认同。

相较于过去，借力于短视频等新兴媒介形式，底层更敢于在网络平台展现乡野田园、工地生活中的真实自我，展现平等、朴素、和谐的底层生活，实现独立于城市中心主义的主动的底层叙事价值。特别是短视频以"我"为中心的特点，使得底层更多以第一人称"我"的身份出现在网络空间中，叙事主体性更加凸显。不同于过去农民工对主流话语中"农民工"命名与称谓的不认同（陈刚，王卿，2019），主体性时代的底层群体在网络舆论场中有自觉而明确的身份认同。特别是活跃在短视频平台的底层短视频创作者，他们一方面在账号名称上凸显身份，如"农民王小""农村阿凯""农民工亚东"等（张爱凤，2019），另一方面会在内容创作的选题上对个体境遇保持自觉关注，从日常经验出发创造底层话语。底层表达不再是过去借助主流媒体发声的抗争式表达，或跟随意见领袖作为乌合之众的参与，而是更多地以自尊自信的姿态展示新时代全面脱贫、乡村振兴背景下底层崛起的尊严感和自信心，在与主流社会的交融互动中获得社会认同。

（2）底层不再满足于成为网络流行文化的消费者，而是积极发掘潜能，成为网络流行文化的引领者。过去，都市劳工群体就有自办媒体的发声传统，但是受限于政策空间、资源支持和内容生产的三重制约，只能在夹缝中生存（吴麟，2016）。在匮乏自我生产的内容大环境中，底层只能去消费都市流行文化或成为网络流行文化的消费符号。

"底层主体性时代"，不同于传统专业媒体生产的文化产品从城市流向农村的路径，底层文化开始反向对城市进行包围。简单、短小、搞笑、日常化的"土味"视频勾起人们对底层生活的好感和好奇感，从而激发底层更多地创造出可以接入主流舆论的内容。"扎心了老铁""666"等流行语，体现了抖音、快手等短视频平台特有的底层文化。"草根逆袭走上人生巅峰""农民工搬砖成为健身达人"等主题，配合平台提供的模板化镜头语言，将个体并不富裕的生活与坚强、自立、热爱生活、吃苦耐劳等优良特质联系起来，进行正能量表达，成长为短视频平台的主流文化。

伴随中国互联网人口渗透率与社交媒体覆盖率的快速提升，底层群体逐渐发展出更为显著、稳定、成熟的网络表达特征和群体观念属性，以其庞大的人口基数，成为网络舆论场的叙事主体和主动性力量；以其特有的审美趣味和文化认知创作出更贴近人、打动人的作品，成为引领网络流行文化的创造者；成为网络空间的关键价值取向、关键意见群体和关键平台逻辑，推动中国网络空间进入"底层主体化时代"。

五、机制：多级信息生产、平台商业逻辑与网络空间底层性的形成

本节所描述的底层从客体性时代向主体性时代的转变，其核心要义在于底层在网络社会的交往实践中，发生了地位、关系和表现特征的转化。客体性时代，底层作为被互联网影响的客体对象存在，作为被网络空间其他阶层主体（如精英主体、中间阶层）的作用对象存在，只能在网络社会或其他阶层群体作为主体的对象性活动中被叙述、被理解。主体性时代，底层从此前更多表现出

对象性和被制约性的一面，变为更多表现出主观性、自主性和能动创造性；从客体性时代被叙述、被言说、被客体化为"流量"，仅能发挥有限制约作用的底层，转变为能动地改造网络空间、主导网络表达、引领交往实践的底层。其背后，亦蕴含了信息生产机制与平台商业逻辑的深层重构。

在大量研究中，网络空间的信息生产机制往往是以内容生产者为中心的，在此路径下反映内容生产者的网络话语权，常常忽视底层的重要影响。事实上，以内容生产者为核心的信息生产机制正是底层客体性时代最为核心的"中心化机制"，以意见领袖和社会精英为核心的网络空间始终围绕以内容生产者为中心的信息生产机制不断塑造"中心"。从更宏观的层面来看，传播者、评论者所代表的信息生产机制和网络空间生态未被纳入有效考量。近年来，越来越多的研究表明，网民评论可能比文章本身对读者对该主题的看法影响更大（Yang, 2008; Lee & Jang, 2010; Lee, 2012）。这就提示我们综合内容生产者、传播者和评论表达者等多重面向。在这一基础上理解抖音、快手、拼多多等近几年兴起的草根化平台，我们会看到，传统研究路径将新兴商业平台作为改变底层在网络空间弱势地位的存在，作为帮助底层成长为"信息有产者"的路径，但网络空间底层化背后的新型信息生产机制恰恰是这些平台崛起的深层动因。底层主体性时代打破了底层客体性时代以中产阶层为中心的商业逻辑，整体形塑了中国互联网新的平台商业逻辑与市场发展趋势。

（1）整合性的多级信息生产机制塑造了转、评、赞改变舆论场的互联网新生态。底层以其庞大的人口基数，长时间的网络参与，解构与再建构的草根智慧，通过文字、图像、视频等多模态的传播模式，在新闻生产、传播、评论等各个环节构建起网络空间的新型信息生产机制。费斯克三级文本的概念指出，专业媒体生产的各类内容是初级文本，其他机构对初级文本生产的阐发、宣传是二级文本，而三级文本则是社会大众对初级文本的评论和解读。当前，塑造互联网生态的早已不局限于传统媒体时代或门户网站时代的生产者制造内容，初级文本更多地成为内容生产的原材料，内容产业链下端的评论、转发、剪辑、二次创作等网络化表达，创新的文字、图片、视频等多模态传播方式，成为当前网络舆论场的内容主力。可以说，用户在平台上的转发、评论、点赞所产生的文本，用户通过二次创作形成的具有丰富媒介形式的文本，已经超越初级文本本身，成为网络空间信息生产机制中的关键环节。举例而言，各大社交媒体平台中，在机构媒体发出的博文下方，最热门评论的点赞数常常高于原博文点赞数，用户评论的影响力可能高于原博文。面对一些社会热点事件，当发布新闻的媒体账号试图以禁止评论的方式减缓舆情发酵、降低舆论热度时，更多用户会以转发、截图转发等各种形式，取代原发布者，成为该事件的引导者。

底层群体虽然不是传统意义上的专业信息生产者，但以其强大的人口基数，通过传播、评论等机制，渗透并覆盖了几乎所有互联网平台的信息生产环节。如果我们仍然只是以"人人都有麦克风"的思维，关注底层被网络赋予发声的权利，可能会大大低估底层群体在互联网中蕴含的巨大能量。事实上，新时期的网络信息生产机制决定了，围观者的围观、鼓掌、嘘声、再生产与再创作，已经让围观者超越掌握麦克风的主持人，成为网络舆论场和信息生态环境中的核心力量。

（2）互联网平台流量逻辑使得底层成为网络空间可挖掘、可迎合、可货币化、可商业化的核心资源，整体形塑了网络空间的商业逻辑。随着互联网全面浸入社会生产的各链条环节，内容市场以细分服务、消费需求为特征，从消费时代的"受众中心"转向更彻底的市场思维导向的"用户驱动"（林晖，2019）。在线数据监测屏幕成为各大互联网平台企业的标准配置，流量成为决定互联网平台生死存亡的关键因素。用户在平台上的每一次活动数据，都作为平台的KPI，成为其在资本市场融资的关键指标。平台则通过内容发布、传播情况、访问流量、用户反馈等环节，投其所好地提供用户想看的内容，吸引用户持续访问，贡献流量。平台既可以将用户销售给广告商积累经济收益，又可以凭借海量用户的复数效应吸引更多用户，积累数据资本，从而使得用户流量成为网络平台的基础运营逻辑。

互联网平台要求产品覆盖到更广大的人群。底层群体的基数大，可说服性更强,意味着收割其流量的单位成本更低。底层用户作为投入产出比更高的流量,成为平台追逐的核心资源。由此,底层群体得以以其群体属性、内容偏好影响着中国的互联网平台,成为形塑网络空间的基础性逻辑,特别表现在流量逻辑推动的内容生态改变上。对互联网平台而言,这意味着用户画像的偏移和主题内容的接地化。曾经定位于精英阶层的知乎,被批评者认为,已经成为各式各样惊悚刺激的虚构类故事会。用户戏谑:"编乎,分享你刚编的故事。"知乎上,娱乐、两性等资讯,以及减肥、植发、医疗方面的降级型消费产品广告充斥其间,海量、惊悚刺激、泛娱乐化、底层取向的问答成为所谓"精英社区"的硬通货。

与此同时,在资本逻辑的驱使下,一些重要的信息传播节点与账号正利用网络空间的底层化倾向,催动网民情绪,为自身收割流量、谋取利益。在热点事件中,他们以"人民"的代言人自居,站在平民大众的立场上煽动和刺激极端情绪,逐渐形成鼓动和消费网络民粹主义的商业同盟。区别于"底层客体性时代"的意见领袖,这些博主"蹭热点"的目的,往往是借势炒作、吸纳粉丝,最终实现商业变现。在近些年的冲突性事件中,人为杜撰或有选择地突出、放大部分事实,将具体个案导向城乡差距、阶层固化、官民冲突等体制机制和社会风气议题,利用"蹭热点"吸引海量注意力资源达到谋利目的,成为当下流行的网络空间商业逻辑。

六、结论与讨论

笔者认为,网络空间底层化是一个相对系统地阐释中国互联网空间演进与变迁的解释框架。理解"底层主体性时代",有利于我们在动态的互联网整体转型中,理解网络空间中的诸多现象和问题,探索网络舆论场意见表达的时代特征与网络空间深层重构的长期趋势。研究认为,底层价值取向作为网络空间的关键立场基准,成为网络空间中好感度最高的指标,成为各类社会思潮争相定义和阐释的对象;底层群体作为网络空间的关键意见群体,通过网络表达影响网络空间的社会认知、社会情绪,以其浩荡的表达声量和影响力,形塑中国网络舆论场;"底层客体性时代"向"底层主体性时代"的转变,成为理解网络空间的演进方向的重要路径。其背后,是多级信息生产、平台商业逻辑与网络空间底层性的形成机制。底层已经在信息生产、传播和使用过程中成为网络空间可挖掘、可迎合、可货币化、可商业化的核心资源。

本节运用综合数据初步探讨了相关问题,更细致的经验研究有待进一步推进。其中,有三方面问题值得未来研究者关注。

第一,底层主体性时代的未来具有怎样的发展趋势?

我们认为,底层网民正在经历生命周期的迭代,新生代重构的底层可能在未来 10 年进一步增强底层的主体性,引发更大范围的网络民粹主义回潮。综合国家统计局相关数据,我们认为,近几年,以 90 后为代表的新生代底层开始进入结婚、生育高峰期,2025—2030 年为其子女入学的集中期,其对于户籍、住房、医疗、教育等资源的需求高涨,主要诉求从具体利益开始转向"平等""公平"的社会待遇,对美好生活的需求与有限的城市资源之间积累的矛盾呈现增长趋势。如果说老一代底层习惯于"面朝黄土背朝天"的生活,诉求集中在增加收入等利益诉求上,那么新生代底层则是向往城市的一代,大多是为了寻找个人发展的机会与实现梦想而进城。他们对平等和公正的诉求比其父辈更加强烈,对社会不平等、劳资矛盾更为敏感,对改变命运的要求更为突出。与此同时,受益于现代传媒和通信技术,新生代底层的媒介素养普遍较高,更擅长运用网络资源表达诉求。未来 10 年,新生代重构的底层群体,将高度关注社会资源分配、社会公平公正以及国家权力运用等议题,对城市资源的期望和资源分配上的矛盾反映在网络舆论场中,可能导致底层主体性进一步增强,推动一系列火爆全网的底层文化现象。

第二,伴随底层主体性增强,如何理解底层群体与其他群体的主客体关系?

中国网络空间底层主体性的增强,必然带来底层群体与其他群体的关系的变化,突出表现为精英阶层地位的变化。本节讨论的底层主体性,着力表明网络空间的底层从客体向主体转化的过程中,底层被主体化、专业精英被客体化的过程。但不同的是，此前的底层客体性时代，底层虽然被客体化，但其作为价值衡量的天平，仍然是网络空间的优先价值，具有道义正确性。而底层主体性时代，被客体化的精英，面临的是专业的、科学的、理性的、严肃的声音被解构、被否定、被边缘化的状态，被客体化的精英不再像被客体化的底层一样，是被同情的对象。基于此，我们认为，底层主体性时代的精英客体化，是一种新型的客体化。在中国网络空间的演进过程中，底层客体性时代向底层主体性时代演进，就是"东风压倒西风，或西风压倒东风"的过程，甚至不存在显著的主体间关系。强调主体性而非主体化就是要强调底层主体作为核心主导力量和核心的网络空间行动者的地位与影响。

第三，网络空间底层化是一个中国特色问题还是在全球具有普遍性？

笔者认为，网络空间的底层化可能成为一个全球性的普遍现象。尽管包括美国在内的欧美发达国家主要以中等收入群体作为互联网人口的主体，但底层价值观作为"政治正确"的网络立场基准在全球范围内存在共性，底层群体的网络舆论声量和更强的网络行动力，也更有可能推动一系列底层化的网络文化现象的产生。其中，在庞大人口基数的基础上，已经出现底层的内部分化和分裂趋势。伴随互联网渗透率不断下沉，网络空间的活跃底层群体会逐渐分化出不同的利益社群、价值观社群、商业细分社群。在美国，以少数族裔、移民为代表的底层，和以白人劳工阶层为代表的底层分化，甚至已经影响到民主党和共和党的群众基础构成，导致政治阵营和文化阵营的日益撕裂。这一趋势在中国也可能存在并在未来进一步反映到网络空间的演进趋势及其动能中。从这一角度看，网络空间底层化与底层主体性时代，对全球网络空间治理提出了新的挑战。如何平衡专业意见和大众声音，建设更为理性的网络空间，有待研究者持续努力探索。

第二节 中等收入群体在中国网络社会的角色与地位

按照世界银行的通常标准，2015年中国中等收入群体比例是44%，涉及5亿多人；按照中国自己设立的标准，即家庭年可支配收入达9万~45万元的定义为中等收入家庭，2016年中等收入家庭占24.3%，涉及3亿多人（卢梦君，2017）。无论从哪组数据来看，中国的中等收入群体数量已经发生质的飞跃。尽管社会学界对于"中等收入群体""中产阶级""中间阶层"等概念有着不同的定义，世界各国因经济发展水平不同也有各自的划分标准，但在中西方社会的诸多语境中，这些概念都表达了近似的含义，即受过良好教育、有一份相对稳定的工作和中等程度收入的社会群体。依据文献，中国学者对中国的中等收入群体的基本共识是：

第一，由于划分标准不同，中国学者对当下中国中等收入群体的数量认定从10%左右到30%左右不等。2015年瑞信（Credit Suisse）的调查显示，中国的中产阶级人数达到了1.09亿，首次超过了美国（9 200万）（Global Wealth Report，2015）；英国《经济学人》杂志指出，中国的中产阶级（家庭年收入在1.15万美元和4.3万美元之间）人数从20世纪90年代的几乎为零增长到今日的2.25亿（联合早报，2016）。总体来看，20%左右是大家可以接受的大致数量比例。伴随中央"十三五"规划"扩大中等收入者比重"的诸多举措，预计未来10年，中等收入群体占人口的比例将达到40%以上，成为中国社会最大的社会群体。

第二，中国中等收入群体的主体是70后、80后和部分90后。这一年龄段的人是行政单位、事业单位、企业的业务骨干。今后10年，他们将成为国家栋梁，是对我国政治、经济、社会、文化具有决定性意义的社会群体。麦肯锡在2013年发布的关于中国中产阶级的研究报告分析，最应受到关注的是被称为"第二世代"（Generation 2）的一群中产阶级，主要指改革开放以后出生的80后、90后。麦肯锡预计，到2020年，中国总消费额的35%将来自"第二世代"群体（麦肯锡，2013）。

中国的中等收入群体，不仅在现实社会中崭露头角，亦已经走上网络社会的前台，深刻改变了互联网上长久以来充斥的"低年龄、低收入、低教育水平"的"三低人群"现状。近年来一系列舆情热点事件中，网民的用户结构、基本诉求、主要心态已发生重大变化，随之而来的将是互联网结构环境的整体转型和网络舆论形势的深层重构。"安全感"成为基础型、底线型的网络社会心态；以"个人权利""社会保障""生活品质"为目标的民生议题成为网络表达的高发领域；"三高""三低"是中等收入群体网络表达的主流。伴随着该群体的急速扩大和急速分化，其内部矛盾也成为影响网络舆论场的平衡的重要动因。

一、结构变迁：中等收入群体在网络舆论场影响力提升

从世界范围内的互联网发展趋势看，高收入、高学历群体在互联网使用率上远远超过低收入、低学历群体，中等收入群体在全球各大网络平台和社交媒体上均表现活跃。

PEW INTERNET 于 2016 年发布的美国互联网普及率报告显示，美国成年人的互联网使用率约为 88%。收入越高的群体，网民比例越高，年收入比例低于 30 000 美元的人口互联网使用率仅 79%，而年收入 30 000 美元以上的群体互联网使用率达到 90% 以上；学历越高的群体，网民比例越高，高等学历的人口互联网使用率达到 94% 以上，而中等学历的则为 81%，低等学历的为 68%。分析社交媒体的用户群体可以得到类似的结论（Shannon Greenwood, et al., 2016）：在美国，21% 的总人口使用推特，而高等学历群体中有 29% 使用推特，年收入 75 000 美元以上的中等收入群体中有 30% 使用推特，都显著高于均值。可见，收入、学历较高的中等收入群体在网络使用率上要明显高于底层群体。如今，这一趋势也逐渐蔓延到中国。

以中国目前最主流的社交网络平台为例。一方面，中国信息通信研究院产业与规划研究院发布的《2015 年微信经济社会影响力研究报告》和《2016 年微信用户数据报告》显示，在职业群体分布方面，企业职员的比例最高，2015 年占比 31.9%，2016 年增长至 40.4%。其他占比较高的中等收入职业群体包括个

体户和自由职业者（2015年占比28.3%，2016年占比25.3%）、事业单位员工（2015年占比10.6%，2016年占比10.8%），这三类群体2016年总共占到微信用户总体的76.5%。与此同时，学生（无收入群体）群体用户减少，农民、待业人员、离退休人员等（低收入群体）群体的占比降低，一定程度上反映了中等收入群体已成为微信用户的主流。

另一方面，新浪微博数据中心发布的《2013年新浪媒体微博报告》《2015年度微博用户发展报告》和《2016年度微博用户发展报告》显示，拥有大学或以上高等学历的用户已成为微博的主力用户，在2013年占70.8%，2015年占76%，在2016年增加到了77.8%。可见，微博的高等学历用户占比逐年增长，而中等学历、初等学历用户占比均呈逐年下降趋势。2016年的报告还显示，青年白领群体成为微博用户的主力群体。

与此同时，中国的中等收入群体在知乎、果壳等专业性更强的知识社区中更加集中、活跃。可以说，无论是在一般的大众社交媒体还是精英主导的专业化网络平台，受过良好教育、有着较为稳定的工作和中等程度收入的网民正在逐步提升影响力，以其更高的网络素养、更专业的网络表达，成为新兴网络主力发挥关键群体作用。中等收入群体紧跟国际趋势，在网络舆论场中扮演越来越重要的角色。

二、心态变迁：中等收入群体的网络表达特征

西方的中产阶层经历了长达300年的持续发展，有许多中产家庭代代相传。与西方不同，中国当今的中产阶层都是在改革开放以后出现的。以前的中国中产阶层在改革开放前的历次政治运动中逐渐归于消失，当下的中产阶层都是乘着改革开放的春风，靠自己的努力打拼出来的。所以，中等收入群体是中国共产党领导的改革开放的天然拥护者，他们坚决拥护党的领导，与党的发展理念相契合，对党和国家具有极强的依附性。基于不断向上的内生愿望，安全、稳定、秩序是中等收入群体当前最大的诉求。

（一）以"人身安全""财产安全""经济安全"为代表的安全感成为基础型、底线型的网络社会心态

2016 年以来，网络舆论热点发生转移，"安全"替代"反腐"成为新主题。"安全感"成为影响其他社会心态的基础心态和底线诉求。一方面，魏则西事件、和颐酒店女子遇袭等事件所引发的网络舆论反映了当下中国中等收入群体缺乏安全感的焦虑情绪，联动触发了中等收入群体和社会精英阶层对最基本的人身安全和公民权利的担忧，也是中国的中等收入群体第一次公开地、共同地提出"人身安全"诉求。另一方面，近年来经济增速放缓、市场竞争加剧、生活成本上升、股市房市波动，以及未来可能的社会经济风险凸显，增加了中等收入群体对财产和经济安全的隐忧。与"财产安全"（易租宝卷钱跑路事件）、"经济安全"（A 股熔断事件、人民币贬值）相关的事件"你方唱罢我登场"，连绵不断，此起彼伏。一些中等收入人群赴海外购房、生子、移民，也反映出他们认为未来有不确定性。

以"人身安全""财产安全""经济安全"为代表的安全感成为中等收入群体最基础的网络社会心态，成为网民诉求的"底线"。

（二）以"个人权利""社会保障""生活品质"为目标的民生议题取代"暴力拆迁"、表演式抗争等传统议题，成为网络表达的高发领域

新世纪以来，连续十几年网络舆论场中表演式抗争、农民工讨薪等议题一点就燃，热度持续上升，但在中等收入群体中的发生概率相对较低，且越来越多的网民开始用更加理性的态度关注这类问题，导致近两年传统热点议题的热度大大下降。而与中等收入群体息息相关的"食品安全""环境安全""信息安全"议题持续火爆，反映了该群体对个人权利、社会保障、生活品质的关注远远超过对国家其他社会议题和社会群体的关注。

中国社科院社会学研究所 2013 年的全国抽样调查数据显示，72.8% 的中产阶级认为"食品安全"没有保障，54.6% 认为缺乏"个人信息、隐私安全"，48.3% 认为缺乏"生态环境安全"，39.8% 认为缺乏"交通安全"，28.5% 认为缺乏"医疗安全"（李春玲，2016）。中等收入群体对生活品质有较高的要求，食品安全、环境安全、信息安全为网络舆情高发议题,表明该群体对于社会保障水平和生活水平仍然存在不满。中国社科院社会学研究所 2015 年的全国抽样调查数据显示,62.9% 的中产阶级认为"社会保障水平太低,起不到保障作用"(李春玲,2016)。这不仅因为中国目前的社会保障水平和公共服务质量确实较低,也因为过去几十年我国经济高速增长和社会急速变迁导致整个社会贫富差距加大,同时提升了民众较强的物质追求欲望。

(三)"三高"(高发展效能、高个人奋斗、高生活追求)、"三低"(低政治效能、低政治关注、低政治表达)是中等收入群体网络表达的主流,其诉求以发展型、建设型为主

中等收入群体的心态特征是与其个人发展状况紧密相连的。复旦大学传播与国家治理研究中心 2014—2016 年的数据显示,网络上的中等收入群体表现出高发展效能、高个人奋斗和高生活追求的"三高"指标,同时具有相对较低的政治效能感、政治关注度和政治表达行动,即一群具有相当强烈的发展效能感的正在上升的群体,相信奋斗能够改变命运,正怀揣梦想为高品质的生活打拼。他们无暇关注政治,同时觉得中国政局稳定,高度信任党的领导,无需他们去关注。其网络表达的主要内容包括正能量的传播、个人工作学习成绩的展示、高品质生活的分享等等,而诉求则主要集中为发展型的利益诉求,总体上是建设性的,与底层群体或其他极端群体的抗争性的诉求有本质区别。

值得注意的是,正因为中等收入群体以个人发展为主要目标和心态导向,如果经济发展环境长期未能尽如人意,网络上的社会负面情绪也可能快速上升。去产能、去库存、一批企业关、停、并、股市、房市、汇市变动,工作难找,工资偏低,梦想破灭,奋斗无望,网络上的"三高""三低"心态也可能转变成"三低""三高"心态。换句话说,发展效能感普遍降低,可能激发他们更多地参与网络政治,增加网络社会的不稳定因素。

(四)理性表达渐成主流,但问责范围扩大化,表现出反权威特征。具有垄断性权力的机构和个体成为网络舆论批评最主要的指向对象

在"三低"人群主导互联网的时代,网络舆论的主要指向对象是政府官员、

"有钱人"和"富二代",非理性的仇官仇富情绪充斥网络空间。如今,在中等收入群体的影响下,网络理性表达渐成主流。近两年发生的诸多网络舆情事件中,一些专家、学者、社会机构、智库等纷纷在网络上发声,进行专业化解读,开始构建网络感性和理性的平衡生态。网民也不再容易受到少数意见领袖(大V)的鼓动和影响,逐渐拥有相对独立的判断力。

与此同时,网民的问责对象扩大化,表现出强烈的反权威特征。一方面,公检法、职能部委、各级政府等涉及公权力的机构和个体仍然是网络舆论的高度关涉主体,与社会民生相联系的国家与地方政策、某些政府工作人员的违法行为持续成为关注焦点和舆情"痛点";另一方面,舆论的"靶子"不再仅仅针对政府,而是反对一切权威,包括西方霸权、大公司、传统的意见领袖、明星偶像等。2016年,以百度为代表的互联网巨头和以"赵薇事件"为代表的商业资本运作成为网民集中"声讨"的对象,其本质是拥有信息入口垄断权的企业和拥有舆论操纵力量的商业资本正在引起网民关注,具有垄断性权力的机构和个体(包括政府、官员、企业、个人)均可能成为中等收入群体的网络批评的新"靶子"。

(五)网络戏谑政治、"高级黑"消解官方话语的现象逐步显现

近年来,互联网戏谑政治成为热门现象。网民通过创造、传播、改编一系列无厘头式的、搞笑的短片、图像或者文字,以"段子"的方式消解官方话语的权威性,具有较强的传播力和影响力。中等收入群体是这类网络表达的主要创作者和传播者。

长久以来,围绕"三低"人群的治理,官方主要关注愤怒、暴力等网络负面情绪和负面行为;而围绕"智商""见识"可能都较高的中等收入群体,面对"浮云""围观"等戏谑政治的现象,长期重视不够。殊不知,直截了当地表达和发泄出的网络情绪和网络行为,实际上带有"期待问题解决"的正能量态度;而"高级黑"态度的产生,往往是问题长期不能得到解决后,网民负能量情绪沉积引起的,具有愤怒、失望、鄙视、漠然等更复杂的情感关系和更深远的影响范围,需要花更大的力气重视、引导、治理。

三、动因分析：中等收入群体强势影响网络舆论

第一，中等收入群体的急速扩大伴随着急速分化，使得该群体的构成复杂、认同感模糊、矛盾突出。其中，"底层中产"和"预备中产"成为"网络声音"的主要来源，具有很强的与"三低"人群、"民粹主义"结合的可能性。在相当多的情况下，"底层中产"和"预备中产"还表现出内部矛盾和内部斗争，是影响网络舆论场的平衡的不稳定因素。

不同于传统以体力劳动划分的工人阶级和农民阶级，中等收入群体从产生开始，对其身份的认同就具有强烈的模糊感。中等收入群体不仅包括公务员群体、文教科卫群体、金融业群体、制造业群体以及各种中介服务机构的从业群体，也包括智力劳动型的中上层中等收入群体，体力劳动型或低层次办事人员、技术人员等中下层中等收入群体等等。当传统社会科学还在以依托专业知识获得高报酬作为中产阶层身份的认定标准时，我们早已发现，中等收入群体远远不只是职业经理人、医生、律师和工程师。遍布中国各级政府的公务员、大中小学教师、"金融民工"、IT行业高级技术工人、房产中介、高级保姆，甚至从农民阶级中发展出来的年收入超过20万元的农民工、农村土地连片承包商、特色种植户等，都已成为中国经济发展和城市化进程中的中等收入群体主力。

根据李春玲的测算，中国的中产阶层中所占比例最高的是办事人员群体，接近四成，他们是低层次的白领从业者；其次是专业人员和小业主，分别占27.1%和18.4%；两个高层次白领群体——企业主和管理人员，在中产阶层中的比例最低，分别为4.4%和10.4%（朱迪，2016）。低层次白领受过中高等教育，但工作待遇较低，稳定性也比较差，一方面具有强烈的向上流动的欲望，另一方面碍于自身资源局限，很难实现阶层流动。与这些"底层中产"类似的是一大批"预备中产"，包括大学毕业生、资深的城市农民工等。中国进入新常态阶段后，"预备中产"能否进入中等收入阶层，或者已经是中产阶层的"底层中产"能否保住目前的地位，都变得很不确定，直接导致了"底层中产""预备中产"与"三低人群"和"民粹主义"结合的可能性加大，可能掀起较大的网络舆情，影响网络舆论场的平衡。

在相当多的情况下，中等收入群体内部还存在突出的内部矛盾和内部斗争。10年前转正的中产阶层如今可能成为反对异地高考的主力军，阻碍"预备中产"实现其中产化的目标。大多数上层中产与中低层中产之间，存在着领导与被领导或剥削与被剥削的关系，亦很容易在网络空间中针锋相对。作为互联网上的主力人群，中等收入群体持续不断的群体分化从本质上影响着网络社会的平衡和稳定。

第二，伴随知识经济扩展，中等收入群体的基础从少数职业者发展到普遍的知识岗位从业者（吴强，2016），其与网络"中V"、自媒体人的天然重合使得相关热点事件的共振强度更大，辐射范围更广，抗争诉求更加坚定、持久。

新技术革命带来了广泛的知识分工，使得中等收入群体逐渐成为几乎所有经济产业和部门的主要从业者。中等收入群体与知识分子的重合度愈发提高，一批受过良好教育的思想内容生产者与中等收入群体天然重合，其中就包括大量的网络"中V"、自媒体人。这使得相关热点事件的共振强度加大，辐射范围变大，抗争诉求更加坚定、持久。2016年的"罗一笑事件"中，罗一笑的父亲本身就是一名文字工作者、前新闻从业者；中关村二小校园欺凌事件中发文的家长则是一名编剧、文案工作者。

第三，中等收入群体具有极高的媒介素养、持久的网络事件运作能力和更强大的国际视野、网络技能，不仅能在国内网络舆论场上主动设置议程，深谙传播之道，亦能在不同国家、地区之间影响跨境网络互动。

一方面，中等收入群体的媒介素养大大高于"三低"人群，不仅善于运用文字吸引关注，也熟练使用长微博、短视频等新媒体手段，具有持久的网络热点事件运作能力，十分善于调动资源引爆舆论场。以2016年的和颐酒店女生遇袭事件为例：当事人弯弯将遇袭的经过和事态发展，以长微博的形式图文并茂地展现出来，并进行了非常明显的议程设置。其设置的两个话题"和颐酒店女生遇袭""卖淫窝点案底酒店"，极具眼球效应。在长微博中她以文字叙述和难得的视频监控录像截图搭配，还原了整个事件的经过，并以红色加粗字体、黑字黄底、红字黑底等充满编辑色彩和编辑语言的形式突出了她希望表达的重点，文字措辞也具有较强的煽情性。随后她专门挑选了三家传统媒体接受采访，也体现了她极高的媒介素养：央视新闻与南方周末，一个是当今中国最具影响力的权威中央媒体，一个是享誉海内外的以发表批评观点见长的综合类周报；另一个《都市快报》则是杭州知名度最高的都市报。通过对比发现，三家媒体的报道几乎都没有超出弯弯本人对热点话题设置的范畴（窦锋昌，李华，2017）。可以说弯弯是以一人之力"掌控"所有媒体。

另一方面，近两年的网络舆论热点事件表现出极强的跨境互动特点，这也与中等收入群体具有较强大的国际视野和网络技能息息相关。帝吧出征事件中，大陆网民以"开展文化交流"为名"翻墙"刷屏"台独"媒体和艺人，引发台湾网络舆论大潮；而香港旺角暴乱事件发生当晚，舆情便通过微博、推特等网站在内地爆发，当周微博讨论达 23.2 万条。

第四，中等收入群体具有极强的消费能力，是商业资本和各大新媒体平台的核心用户，围绕中等收入群体诉求的网络话题已成为商业资本和各大新媒体平台炒作的新热点。

中国的中等收入群体正成为世界领先的消费群体，成为商业资本和各大新媒体平台的核心用户。根据 OECD 发展中心 2010 年的数据，中国的新中产们平均每周花约 9.8 小时购物，大大超过刻板印象中消费主义泛滥的美国，后者只有 3.6 小时（吴强，2016）；2016 年，淘宝"双十一"一天的成交量达 1 207 亿元人民币，亦远超美国"黑五"购物日的数十倍。中国的中等收入群体以极强的消费能力成为商业资本和各大新媒体平台追捧的"宠儿"，中等收入群体话题已成为商业资本和新媒体平台力推炒作的新热点。

在众多网络热点事件中，商业化团队和新媒体平台推波助澜的作用不容小觑。商业化团队调用网络媒体和大 V 资源，操纵舆情，把控互联网传播权，其议题设置能力，甚至远远超过一般省市级媒体的舆论掌控能力。新浪、腾讯、知乎等平台早已不仅仅是信息中介、信息呈现的平台，它们以无比的热情积极参与到热点事件的传播和议程设置中。其背后的动因，正是作为这些新媒体平台的核心用户和核心收入来源的中等收入群体关注这些热点事件。和颐酒店女生遇袭事件中，新浪微博给刚刚注册不到一两天的事件当事人加 V 认证，将"和颐酒店女生遇袭"作为热门话题在首页推荐，还通过"主持人推荐"置顶相关报道，推荐热门讨论，挑选精华帖、图片墙等方式引导、设置议程，使得该话题的可信度迅速提高，阅读量达到 27 亿多。魏则西事件中，知乎亦通过设置相关父子话题、标签、推荐精华回答、活跃回答者等方式彰显其在事件中的作用（窦锋昌，李华，2017）。可以说，商业资本和各大新媒体平台对中等收入群体话题的力推、炒作，也是这些话题引发网络舆论风暴的间接动因。

中等收入群体已经走上中国网络社会的历史舞台。

第三节 网络新生代与网络社会心态：代际更替、心态变迁与引导路径

以 90 后、00 后为代表的网络新生代，正在经历中国转型发展的特殊历史时期，伴随国际格局的重要变动及中国与世界之间关系的复杂变化，成为现实世界与网络社会并行互构进程中最为特殊的关键群体，推动中国的价值观代际更替。他们是伴随着互联网成长的第一代"网络原住民"，是彻彻底底的"网络一代"，追求网络秩序；他们同时渴求自由表达，具有强烈的反权威性；他们是伴随着国家经济社会高歌猛进、生活水平节节攀升的"丰裕一代"，其精神需求匮乏的问题更加突出，而全球化生存状态加剧了其思想领域多元化的趋势；他们是伴随着全球百年未遇之大变局，经历了种种矛盾、冲突的"压力一代"，以其特有的超强行动力，建构大量新型亚文化认同，推动新兴意识形态与主流意识形态碰撞。

时代赋予了网络新生代独特的思维方式和生活方式，以及全新的价值取向和政治趣味，其生存状态、政治心态与网络行动也反过来深刻重塑着网络社会生态与网络社会心态，成为理解中国政治和中国网络社会的重要切口。90 后、00 后在网络化生存、高压化生存和全球化生存状态中，表现出更强的个人主义

和反权威性，以超强的网络行动力建构社会支持系统，并主动追求精神价值目标的满足。网络新生代在社会议题、社会情绪、社会价值观方面深刻影响了网络社会心态的变迁，其背后，是这一群体独特的精神需求特征与网络表达特性使然。近年来频繁爆发的舆论事件亦表明，曾经较为边缘的90后、00后，已经从"非主流"步入"主流"；掌握新媒体与技术革新话语权的网络新生代，正在从被动的受影响者，转变成为思想观念与社会心态的主动传播者和引领者。

研究网络新生代与网络社会心态变迁的总体特征，不仅有利于我们理解网络社会与现实世界的勾连关系，亦有利于我们把握网络空间治理的重要抓手，为国家有效处理社会转型期可能出现的失衡局面提供基础信息和预判机制。国家、社会能否针对网络新生代的生命发展周期与压力提升现状，推进更丰富、更多元、更具新生代的政治审美特点的精神文化产品建设，成为主流意识形态能否有效引导网络新生代的核心问题。

一、代际更替：网络新生代的价值观变迁及其网络生存状态

网络新生代正在推动中国社会的价值观代际更替。

根据美国政治学家罗纳德·英格尔哈特提出的价值观代际更替理论，在前工业化社会，由于资源匮乏、安全没有保障，人们的优先价值观是寻求生存和人身安全；在工业化社会，人们急迫寻求利益最大化，以经济增长为中心的物质主义成为优先价值观；而在发达工业社会，人们享受长期的政治稳定、经济繁荣和福利政策之后，优先价值观转向追求个人主观幸福、自我表现和政治参与的后物质主义。

中国的网络新生代成长于中国经济高速发展的改革开放后。出生和成长的社会环境和时代背景，是这一代人思想观念和社会心态得以形成的现实基础。中国的40后、50后是"匮乏一代"，中华人民共和国成立初期的百废待兴、早年建设的举步维艰都在他们身上留下挥之不去的烙印；60后、70后是"温饱一代"，生在新中国、长在红旗下，是当前国家建设和社会发展的中坚力量；80后是"足用一代"，快速社会发展形成的张力，为80后创造了更大空间；90

后、00后作为真正的"丰裕一代",不仅生活在丰厚与充裕的物质环境中,还成长在发展机会增多、流动渠道畅通、社会态度兼容多元的社会环境中。伴随中国经济高歌猛进,享受着物质丰裕带来的种种优越感,"丰裕一代"在物质上的富足感、充裕感,使其拥有彻底的"大国心态",也使得这一代人对精神生活的追求程度更高。更高的精神生活需求与事实性匮乏之间的矛盾,伴随复杂的国际形势影响以及中国进入改革深水区的种种社会问题导致的多方压力和多元价值观冲击,使得这一代年轻人表现出特殊的网络生存状态。

(一)"网络化生存":崇尚个人表达,更具有反权威性

网络新生代是彻底的网络原住民,从其出生开始,互联网的开放、平等、去中心化等特质就伴随着这一代人成长。尽管不少研究认为,网络新生代存在政治冷漠,但随着90后、00后逐渐迈入新的生命周期,其在网络表达方面的主动性、参与性,甚至在网络论争方面的主导性,正在不断增强。90后、00后追求个人自由与个人权利,自我取向明显,崇尚个人表达,亦更具有反权威性,在众多舆论热点事件中,已经从边缘走向中心。

他们具有强烈的爱国心,在大量舆情事件中主动发声,表达出为中国自豪、"中国爸爸不是这么好惹的"等言论,获得大量网民支持;他们具有广泛的参与性,在涉及领土主权、国际关系、动物保护、性别平权、婚恋生育等热点社会议题中,牵动了海量的网络注意力,引发和引导了各类社会讨论;他们表现出更强的反权威性,不仅在针对"996"工作制问题中表达对垄断企业、垄断资本的反抗,也在相关平台被约谈事件中表达不满,在饭圈对抗中推动网络行动。近期爆火的 EDG 夺冠事件中,赛事直播的最高观看热度超过 4 亿,40 个相关话题登上热搜,其中三个登顶热搜第一,词条"EDG 夺冠"的点击量突破3 000 万。电子竞技从常年被主流社会理解的"不务正业",到成为年轻人为国争光的民族主义心态张扬,其中既有网络新生代以此为寄托表现出的励志精神和大国心态的荣耀,也有发展到后期使得 EDG 夺冠成为一个符号,成为年轻人大声说话和情绪宣泄的借口,甚至出现一些网络乱象。这一复杂性的背后,表现出网络新生代破圈发声、展现自我、走向主流、表达情绪的精神需要。

复旦大学社会治理研究中心和上海开放大学信息安全与社会管理创新实验室联合发布的《大学生心态调查报告（2016）》[①]显示，在个人自由优先还是社会规范优先的问题上，更多新生代大学生主张"个人自由为先"（42.1%），即"我应该按照自己的想法生活"；选择"社会规范优先"的比例为26.8%；同时有31.1%的大学生持中立态度。复旦大学传播与国家治理研究中心对2014—2016年通过分层抽样随机获取的1.5亿条新浪微博数据开展了基于向量机的监督学习法分析[②]，在涉及生活满意度、工作满意度、经济政治信心、群体认知、对各类民生问题的满意度，以及对党和国家一系列重大理念政策的态度，对传统文化、香港台湾、网络管制等的态度，对西方民主价值观和中国政治体制的态度，对中国国际地位认可度和民族主义倾向的态度等82个社会心态指标中，网民对"个人权利"的好感度连续3年排在前5位，且在正负面态度上呈现"一边倒"的正面倾向。国家语言资源监测与研究中心、《咬文嚼字》编辑部、《语言文字周报》分别公布的"2019年十大网络流行语"中，涉及社会生活与政治时事的仅有3个（"14亿护旗手""文明互鉴""霸凌主义"），而涉及个人主义的多达十几个（如"我不要你觉得，我要我觉得"），成为近几年网络流行语的主要关涉类型，一定程度上也反映了网络新生代以个人为中心的价值取向。

（二）"高压化生存"：以超强行动力建构社会支持系统和圈层网络

网络新生代，正成为所有代际群体中压力最大的群体，持续处于高压化生

---

① 《大学生心态调查报告（2016）》以"地区—大学—学生"三阶段随机抽样的方式，从覆盖中国大陆七大地域（华东、华北、华中、华南、西南、西北、东北）、不同学校层次（包含"985"高校、"211"高校、普通本科院校、大专院校等）的39所中国高校中抽取了6 351名在校大学生，采用问卷调查的方法，历时一年，收集了256个变量的调查数据，试图立体化呈现中国90后大学生群体的整体心态、价值观念与时代特征，深度解读他们的理想、追求、愿景和情趣。

② 具体而言，以新浪微博随机博文大数据背后反映的思想价值观念为研究对象，针对2014—2016年通过分层抽样随机获取的1.5亿条新浪微博数据开展基于向量机的监督学习法大数据分析，挖掘网络价值观与网络社会思潮的总体发展趋势。运用基于向量机的监督学习法，完成了82个社会心态指标的人工编码库，每条指标人工编码数量达5 000条以上。在此基础上按照"人工编码—模型训练与评估—预测"的分析流程计算演进趋势，所获数据结果描述了网民对特定议题的好感度/反感度，其具体含义是：每万条微博中对特定议题或对象持好感态度或反感态度的微博数量。

存状态。

复旦大学传播与国家治理研究中心对 2013—2018 年通过分层抽样随机获取的 2.75 亿条新浪微博数据展开了语义网络比较分析。数据显示，80 后受益于改革开放的成果，面临更加丰富多样的人生选择，已经在经济社会发展中扮演日益重要的角色，逐渐成为家庭的支柱和社会发展的中坚力量，面临房贷、车贷、孩子教育等各方面压力；90 后一部分在学习深造，另有一部分已经走向社会，其职业规划压力、婚恋压力、工作压力、健康压力（主要表现为"脱发"）、年龄压力等一系列现实压力凸显，成为代际群体中压力最大的群体；00 后步入大学，文艺程度超过 80 后、90 后，娱乐爱好广泛，对国家和集体认同感高，更加开放、自信和国际化，也更加乐观。总的来说，遵循生命发展周期，网络新生代群体正面临不断上升的压力现状。在这一基本背景下，独生子女家庭的成长环境和当前日益复杂的经济形势以及就业压力激发了网络新生代更强的竞争意识。伴随后疫情时代全球不确定性上升，即将毕业的大学生和有就业压力的"上班族"都是网络新生代中的有压力代表，其对于自身竞争力的担忧，加上急于实现阶层跨越和财富积累的焦虑感和紧张感，也导致了近年来，一些"丧佛"文化的出现。在网络新生代中流行的"夸夸群""怼怼群"，甚至种种"饭圈"乱象，本质上都是精神需求方面的压力释放表现。

在高压化生存状态下，网络新生代以超强行动力建构其专属的社会支持网络。2019 年，"夸夸群""怼怼群"等大型陌生人交流群组在高校走红，以北大、清华、复旦、交大等一流高校为代表，迅速席卷我国各大高校，吸引大批大学生参与。传统的熟人、亲友、师生关系无法满足网络新生代对赞扬、鼓励或鞭策的精神需要，而趣缘群体（如校友、同学、兴趣小组）则通过半匿名性的群体交流和各种亚文化圈层互动，作为更加重要的社会支持系统，让年轻人产生强烈的归属感和认同感。"夸夸群""怼怼群"，从本质上反映了"丰裕一代"青年对精神文化的高度需求和事实性匮乏，反映了当前的社会支持系统无法满足青年群体的实际需求，反映了趣缘群体在当前青年群体心态中的重要作用。

（三）"全球化生存"：更加主动解决精神需求供需矛盾

网络新生代亦是全球化生存的一代。复旦大学传播与国家治理研究中心与浙江传媒学院2019年合作完成的"大学生VPN使用情况调查"[①]数据显示，约80%的大学生知晓相关软件，超过半数大学生正在使用相关软件。值得注意的是，新生代在国际舆论场中获取信息的主要目的是社交、娱乐和学习。具体来说，47.3%的大学生使用国外平台，拓宽或维护社交圈；39.8%的大学生主要为了观看影视剧和短视频，关注各类美食博主、时尚博主、美妆博主等，特别是女性青年网民，会在网络空间中追踪文体明星近况，购买娱乐周边等；另有15.9%的大学生主要为了获取学习资源，为论文写作、科研项目服务。这从一个侧面反映出，网络新生代正在更加主动地寻找精神文化产品，解决其精神需求的供需矛盾。

二、心态变迁：网络新生代的议题关注、情绪表达与价值观取向

网络新生代走向网络社会前台的过程中，在社会议题、社会情绪、社会价值观方面表现出独特的社会心态特征。复旦大学传播与国家治理研究中心2020年在教育部发布的高校列表中配额抽取了从C9顶尖高校到大专的不同层次高校的3 199个90后微博用户和415个00后微博用户，抓取其2011年到2019年间发表的全部博文约300万条，针对国家和地区、个人/群体/企业、社会议题和社会事件等80多个议题，展开议题博文数统计和基于字典的情感分析，以探究90后、00后对网络议题的关注热点、情感取向及价值观趋势。

（1）社会议题：传统政治议题的关注度相对较低，国际关系/地区政治、娱乐明星、性别平权、科技、体育等议题的关注度最高；总体而言，在热点议题表达中，90后较00后更加活跃。

不同于其他代际群体，网络新生代对传统政治议题的关注度相对较低。如

[①] 该调查对中国东部、中部、西部随机抽取的不同类型的10所高校，回收了1 564份有效问卷，并辅以近百名大学生深度访谈和数场焦点小组座谈会。

表 5-3 中数据显示，根据所有议题发布的博文总数①从高到低排列，在 00 后和 90 后高频关注的议题中，前 15 个话题均不涉及传统的严肃政治内容（除"国庆"议题外），网络新生代更关注国际关系/区域政治、娱乐明星、性别平权、科技、体育等议题，这些议题的关注热度在网络新生代中最高，反映了青年群体关注议题的热度排序。其中，关系国际关系/地区政治方面的议题主要集中在中国与美国、英国、俄罗斯的国际关系方面，以及中国香港、台湾地区的政治议题。在全球新冠疫情暴发前，中美贸易问题、香港问题、《外国人永久居留管理条例（征求意见稿）》颁布等均引发了较大范围的网络新生态关注；在新冠疫情暴发后，国际疫情局势、中国外防输入压力问题、台湾问题等成为网络新生代关注的焦点。可以说，当前的网民结构中，90 后、00 后代表的网络新生代已经成为涉外议题的高关注、高发声群体。与此同时，妇女儿童相关权益的保护、反性骚扰制度的设置、《中华人民共和国民法典》"婚姻家庭编"中对离婚冷静期的设置等与性别平权有关的内容，亦成为网络新生代关注的议题焦点。

在其他未进入前二十的议题中，网络新生代主要关注教育、就业、住房、婚姻等民生议题。这些议题往往是新生代焦虑感的主要来源，反映了青年群体的现实压力。对于大学生而言，学习、就业是他们生活中最为关心的问题。受疫情影响，部分大学生的就业和创业受到影响，国家在保就业、保民生方面的政策举措，往往成为关注焦点；对于已有家庭、子女的网络新生代而言，教育改革是其关注热点，尤其是学前教育与中小学教育问题，例如义务教育择校、民办公办学校政策、家庭作业变为家长的作业负担等等；国家完善住房制度的相关举措，包括住房租赁市场政策，房地产市场的管理与房价调控，住房相关福利保障等也是网络新生代重点关注的议题，因为这关系到新生代青年的结婚意愿和生育意愿。

---

① 即 90 后、00 后群体在该话题下的博文总数，反映了该群体对该话题的关注热度。为了尽可能覆盖更多与议题相关的博文，本研究同时选取了一批 90 后、00 后常用的网络用语作为议题关键词补充。

表 5-3　90 后、00 后微博表达热点议题

序号	00 后	博文总数	90 后	博文总数
1	某流量明星	9 764	美国	21 614
2	新浪	4 137	新浪	18 237
3	美国	3 585	某流量明星	15 762
4	香港	2 722	英国	12 371
5	台湾	2 264	香港	9 153
6	英国	1 704	女性/女权/性别平等	7 464
7	女性/女权/性别平等	1 222	台湾	7 236
8	国庆	1 111	俄罗斯	4 359
9	俄罗斯	934	国庆	3 890
10	5G	787	5G	2 366
11	中国队	561	华为	1 859
12	女排	311	中国队	1 755
13	华为	250	某网红	1 215
14	特朗普	229	广电总局	870
15	某网红	179	女排	720
16	广电总局	142	特朗普	714
17	两会	98	两会	627
18	一个中国	96	一个中国	498
19	扶贫	81	法治	469
20	改革开放	73	扶贫	392

（2）社会情绪：网络新生代对政治议题表现出强烈的正面情感，高度拥护党和国家的政策路线；国际关系/地区政治、个人权利方面的议题成为网络新生代的负面情感的主要爆发点；00 后的"大国心态"更加突出，90 后则对"个人权利"更加关注。

尽管网络新生代对传统政治议题的讨论热度相对较低，但其对政治议题的情感取向非常积极，高度拥护党和国家的政策路线。从基于字典的情感分析①结果来看，00后和90后在绝大多数具有较高关注度的议题上都呈现正面的情感取向，正面情感指数较高的话题集中于"屠呦呦""一带一路""改革开放""国庆"等，尤其在涉及党的领导和国家政策路线等内容方面，表现出较强的正面情感取向，例如90后在"一带一路"议题中的情感指数高达0.69，00后为0.57，在"改革开放"（90后为0.43，00后为0.49）、"国庆"（90后为0.39，00后为0.48）、"扶贫"（90后为0.47，00后为0.28）、"两会"（90后为0.29，00后为0.36）等话题上也呈现类似的结果。与此同时，网络新生代会以自己的话语系统表达情感。例如"种花兔"的词频分析显示，00后与该话题相关度较高的关键词包括"感动""中国""力量"等；90后在该话题下最常提及的关键词包括"种花""中国""祖国""此生""华夏""无悔""骄傲"等，均表达积极的情感，其中部分关键词来自《那年那兔那些事儿》中的台词"此生无悔入华夏，来世还来种花家"。网络新生代运用"阿中哥哥""种花家"等寓意美好的爱称，以轻松活泼的方式在网络上表达对国家的正面情感。

在总体热度排名前四十的议题中，关涉国家主权/利益和个人权利两方面的议题是激发网络新生代负面情感的主要关涉议题。从分析结果来看，情感指数为负的三个议题关涉中美关系以及国家利益，包括"辱华""特朗普""贸易战"等。针对辱华议题的词频分析发现，"瑞典""设计师""歧视"等高频关键词引发了网络新生代强烈的负面情绪。对贸易战议题的词频分析发现，00后在

---

① 分别计算了90后与00后全部博文的情感指数，并将博文情感指数的平均值作为90后与00后在这一议题上的情感值，用博文情感指数的标准化平均值，反映该话题的平均情感倾向，取值介于−1和1之间，0表示中立，越接近于1代表情感倾向越正面，越接近于−1代表情感倾向越负面。其基本原理是通过判断博文的用词中积极词汇与消极词汇的比例，生成博文的情感指数。使用绝对情感指数和相对情感指数来比较90后与00后的情感差异。绝对情感指数指的是博文情感值的平均，而相对情感指数则将所有取值为正的博文赋予同样的权重，也将所有取值为负的博文赋予相同的权重，不再考虑积极博文或消极博文的情感值大小问题。相比绝对情感指数，相对情感指数可以避免少数十分积极或十分消极的博文对结果的干扰。

谈论贸易战时，更倾向于提及"中华民族""独立""奉陪到底""报复""好刚"等对抗性词汇；90后则相对温和，并不倾向于使用这些词。从某种程度上说，00后的"大国心态"更加突出。

此外，网络新生代作为互联网的原住民，具有极强的个人权利意识，对个人权利议题尤其关注。基于字典的情感分析结果显示，90后对"个人隐私/数据泄露"议题的情感指数仅为 -0.29，表现出强烈的负面情感取向，00后对该话题的情感指数也仅达到0.04；90后对"网络安全"议题的情感指数为 -0.33，00后则为 -0.09，呈现偏向负面的情感取向。但总体而言，90后在个人权利方面的负面情绪更加突出。对于具有强烈个人权利意识的网络新生代来说，网络治理也需要运用合适的手段，避免产生负面反弹情绪。

（3）社会价值观：女权、性别平权、动物保护、环保等"非主流"价值观议题走向前台。

网络新生代具有独特的政治审美，正在推动曾经"非主流"的价值观议题走向政治前台，并表现出政治化和泛意识形态化的趋势。根据复旦大学传播与国家治理研究中心基于2.75亿条新浪微博博文关键词及语义网大数据的研究，2013年、2016年、2017年、2018年有关"重大风险"的网络讨论日益复杂化，特别表现在文化价值观类风险议题的讨论度和关注度逐年走高。女权、性别平权、动物保护、环保等价值观议题成为网络新生代推动的"主流"议题。在90后、00后近十年的高度关注议题中，除了国家地区议题、娱乐明星议题，女性议题、平权议题等频繁出现在网络新生代的讨论范畴内，家庭暴力、同性婚姻、动物保护等文化类议题也一直是青年群体的高关注度议题，甚至从网络表达、网络论争发展成为有组织的网络行动，表现出亚文化议题政治化的趋势，也凸显了网络新生代对新兴价值观的引领作用。与此同时，新兴价值观议题也正成为网络负面情感的潜在爆发点。

三、引导路径：推进网络新生代精神文化产品建设

网络新生代正在推动中国的价值观代际更替。作为现实社会与网络社会并

行互构进程中最为特殊的关键群体,90后、00后在网络化生存、高压化生存和全球化生存状态中,表现出更强的个人主义和反权威性,以超强的网络行动力建构社会支持系统,并主动追求精神价值目标的满足。网络新生代在社会议题、社会情绪、社会价值观方面深刻影响了网络社会心态的变迁,其背后,是这一群体独特的精神需求特征与网络表达特性。国家、社会能否针对网络新生代的生命发展周期与压力提升现状,推进更丰富、更多元、更具新生代政治审美特点的精神文化产品建设,成为主流意识形态能否有效引导网络新生代的核心问题。

首先,成长于中国改革开放后的"丰裕一代"青年,在物质上的富足感、充裕感,使得这一代人对精神生活的追求程度更高。但当前的传统社会支持系统(如亲缘、血缘、师生关系、学校)无法满足青年群体的精神需求。趣缘群体(包括众多亚文化群体)成为其最重要的社会支持系统和归属感、认同感的来源。精神文化产品建设要正视和尊重网络新生代的社会心态特点和话语取向,用青年群体认同的话语框架,开展平等对话而非宣传灌输,以沟通的姿态重视青年一代、研究青年一代,用符合新生代政治审美的创新话语,大力推进网络新生代的精神文化产品建设。

其次,随着年龄增长,网络新生代正在不断走向政治参与的中心。政治上的"无地位、无话语权"是当前网络新生代所处和所感的重要"槽点"。这一代年轻人拥有更彻底的"大国心态"和更坚定的道路信仰,应当充分信任和理解这一代人,激发新生代的政治地位感,增强新生代的政治话语权,通过合适的方式提供更加充分的表达平台和参与空间,增强其政治成就感。与此同时,主流意识形态也要紧紧抓住网络新生代的压力现状,针对教育、就业、文化、外交、性别平权、"饭圈"治理等重点领域,依靠青年偶像、青年领袖,加强对网络新生代的价值观"导航"。

最后,全面加强传播内容、传播平台和传播渠道建设,包括重视"短视频"平台;在微博、微信、抖音、快手、头条等平台外,布局B站、QQ空间、popi提问箱等平台;推动自带"流量"的高科技信息产品与高质量信息内容更好地融合。从信息获取媒介看,微博、微信、抖音、快手、B 站、头条新媒体平台成为聚合新生代群体的主要平台,游戏、直播、短视频等娱乐方式也在新生代群体的生活中占据重要地位,加之在新冠疫情影响下,年轻人对网络娱乐应用的使用时长、频率明显提升,尤其是短视频平台更易触达该群体,活泼、轻松的内容与形式更易于被年轻人接受。相比微信、微博,当前 00 后使用较多的新媒体平台还有 QQ;而 popi 提问箱这种在熟人社交圈进行匿名提问的形式受到 90 后群体青睐。随着媒介技术不断革新,短视频、Vlog、VR、H5 交互、AI 主播、智能机器人、5G 等高科技传播方式都成为精神文化产品的"标配",以新生代网络社会心态为基础的价值观引领需要在多重维度上同步年轻化。

参考文献

白洁，2014. 网络阵地中社会心态的现状及培育 [J]. 思想政治教育研究（1）：122-124.

常倩，2012. 社会转型与当前社会心态失衡现象研究 [J]. 华南师范大学学报（社会科学版）（5）：159-162.

陈江生，张滔，2018. 习近平关于"新时代"思想初探 [J]. 马克思主义与现实（2）：1-6.

陈海平，2006. 从主体性的内在困境到交往实践观的历史超越：社会和谐的哲学底蕴探析 [J]. 云南社会科学（4）：28-32.

陈刚，王卿，2019. 从"寻求生存"到"渴望承认"：媒介"凝视"与农民工主体性身份再建构 [J]. 新闻界（2）：46-53.

陈咏媛，王菲菲，2018. 中产阶级的网络社会心态：一项基于主题模型的大数据研究 [Z]. 2018 年中国社会心理学年会.

程士强，2017. 空间的再造：一个超大城市的诞生 [J]. 社会学评论（6）：23-39.

柴秀波，2011. 在扬弃"主体性"和"主体间性"中坚持马克思主义的交往实践观 [J]. 晋阳学刊（5）：69-71.

杜俊飞，李永刚，孔繁斌，2015. 虚拟社会管理的若干基本问题 [J]. 当代传播（1）：4-9.

窦锋昌，李华，2017. 热点事件传播的新路径、新特点与新应对：以 2016 年 5 起热点事件的传播为例 [J]. 新闻战线（17）：115-118.

方付建，王国华，2010. 当代社会思潮：发展取向与干预方式 [J]. 长江论坛（3）：48-51.

方师师，2016. 算法机制背后的新闻价值观：围绕"Facebook 偏见门"事件的研究 [J]. 新闻记者（9）：39-50.

方晓红，2002. 大众传媒与农村 [M]. 北京：中华书局.

公方彬，2018. 新时代：政治思维下的历史方位 [J]. 领导科学论坛（12）：17-29.

龚为纲，朱萌，2018. 社会情绪的结构性分布特征及其逻辑：基于互联网大数据 GDELT 的分析 [J]. 政治学研究（4）：90-102+128.

郭小安，雷闪闪，2015. 网络民粹主义三种叙事方式及其反思 [J]. 理论探索（5）：65-69.

郭志权，2016. 从网络热点事件舆情传播特点看当前社会心态 [J]. 新闻研究导刊（18）：128.

桂勇，李秀玫，郑雯，等，2015. 网络极端情绪人群的类型及其政治与社会意涵：基于中国网络社会心态调查数据（2014）的实证研究 [J]. 社会（5）：78-100.

桂勇，黄荣贵，丁逸，2018. 网络左翼的三重面向：基于个案观察和大数据的探索性研究 [J]. 社会（3）：203-239.

法雷尔，2013. 互联网对政治的影响 [J]. 郑颖，等编译. 国外理论动态（1）：96-105.

黄明理，李婉婧，2017. 论民粹化网络泛道德批判 [J]. 南京师大学报（社会科学版）（3）：23-34.

黄荣贵，辛艳艳，2014. 专业技术人员及知识分子在微博空间的网络表达 [J]. 新闻记者（12）：24-29.

黄荣贵，2017. 网络场域、文化认同与劳工关注社群：基于话题模型与社群侦测的大数据分析 [J]. 社会（2）：26-50.

黄少华，2003. 论网络空间的社会特性 [J]. 兰州大学学报（3）：62-69.

黄少华，2005. 论网络社会的结构转型 [J]. 淮阴师范学院学报（哲学社会科学版）（6）：764-768+839.

何明升，2005. 复杂巨系统：互联网——社会研究的一个新视角 [J]. 学术交流（7）：118-124.

季程远，王衡，顾昕，2016. 中国网民的政治价值观与网络抗争行为的限度 [J]. 社会（5）：64-87.

姜义华，2017. 以文明的尺度回溯改革开放四十年 [J]. 文化纵横（6）：20-26.

蒋建国，李颖，2018. "佛系"亚文化的动向、样态与社会观照 [J]. 探索与争鸣（4）：128-133+140+144.

金文朝，张帅，2019. 网络社会的崛起和发展 [J]. 社会学评论（3）：27-34.

乐媛，杨伯溆，2009. 中国网民的意识形态与政治派别 [J]. 二十一世纪评论（4）：22-34.

乐媛，杨伯溆，2010. 网络极化现象研究：基于四个中文 BBS 论坛的内容分析 [J]. 青年研究（1）：1-12.

李玉娟，2012. 网络舆情危机的深层透视：基于社会心态的分析视角 [J]. 政法学刊（5）：119-123.

李良荣，2015. 警惕网络民粹主义"暴力"：中国民粹主义新动向 [J]. 人民论坛（1）：35-37.

李良荣，2017. 中国民粹主义三个动向 [J]. 人民论坛（1）：22-23.

李良荣，2017. 新生态 新业态 新取向：2016 年网络空间舆论场特征概述 [J]. 新闻记者（1）：16-19.

李红艳，2016. 观看与被看 凝视与权力：改革开放以来媒介与农民工关系研究 [M]. 北京：中国言实出版社.

李景盛，2015. 网络舆情危机的社会心态透视分析 [J]. 通化师范学院学报（1）：131-134.

李秀玫，黄荣贵，桂勇，2019. 社会化媒体时代的政治参与不平等：强化抑或均衡 [J]. 当代青年研究（2）：2.

李春玲，2016. 中国中产阶级的不安全感和焦虑心态 [J]. 文化纵横（4）：

32-39.

李春玲, 2016. 中国中产阶层成长中的烦恼与压力 [J]. 人民论坛（27）: 64-67.

李春玲, 2020. 我国青年价值观变迁研究的多重理论视角 [J]. 青年探索（6）: 5-13.

李玉娟, 2012. 网络舆情危机的深层透视：基于社会心态的分析视角 [J]. 政法学刊（5）: 119-123.

刘必好, 刘怀玉, 2018. 论习近平新时代中国特色社会主义思想的理论品格 [J]. 南京社会科学（6）: 6-13.

刘璐, 谢耘耕, 2018. 当前网络社会心态的新态势与引导研究 [J]. 新闻界(10): 75-81+100.

刘小龙, 2017. 当前中国网络民粹主义思潮的演进态势及其治理 [J]. 探索（4）: 48-56.

刘守和, 1992. 关于主客体和主体性的几个问题 [J]. 理论探讨（4）: 61-66.

刘少杰, 2012. 网络化时代的社会结构变迁 [J]. 学术月刊（10）: 14-23.

刘少杰, 2016. 网络社会的时空扩展、时空矛盾与社会治理 [J]. 社会科学战线（11）: 197-203.

刘少杰, 2018. 中国网络社会的集体表象与空间区隔 [J]. 江苏行政学院学报（1）: 58-65.

廖小平, 2014. 改革开放以来价值观变迁与核心价值的建构 [J]. 天津社会科学（5）: 45-49.

罗教讲, 刘存地, 2019. 算法定义的新型信息空间：基于网络搜索引擎特性的综合治理研究 [J]. 学术论坛, 42（3）: 1-13.

林晖, 2015. 从"新闻人"到"产品经理", 从"受众中心"到"用户驱动"：网络时代的媒体转型与"大众新闻"危机——兼谈财经新闻教育改革 [J]. 新闻大学（2）: 1-6.

卢梦君, 2017. 社科院副院长：中国 5 至 7 年后进入高收入发展阶段比较确

定 [N]. 澎湃新闻，3-18.

吕鹏，张原，2019. 青少年"饭圈文化"的社会学视角解读 [J]. 中国青年研究（5）：64-72.

马学轲，2015.2014 年意识形态领域十个热点问题 [J]. 马克思主义研究（2）：116-129.

马得勇，王丽娜，2015. 中国网民的意识形态立场及其形成：一个实证的分析 [J]. 社会（5）：142-167.

马得勇，陆屹洲，2019. 信息接触、威权人格、意识形态与网络民族主义：中国网民政治态度形成机制分析 [J]. 清华大学学报（哲学社会科学版）（3）：180-192+197.

麦肯锡，2014. 下一个十年的中国中产阶级：他们的面貌及其制约因素 [R]. 北京：中国发展研究基金会.

潘泽泉，李超锋，2010. 流行语与当代中国青年社会心态变迁 [J]. 中国青年研究（9）：19-22.

史宏波，黑波，2018. 近代以来"新时代"概念之考辨 [J]. 上海师范大学学报（哲学社会科学版）（6）：56-65.

石立春，罗钧文，刘思旖，2018. 网络民粹主义演绎特征爬梳与概念的探索性检验：基于 2009—2014 年 606 个网络民粹事件生成与演绎的扎根理论研究 [J]. 电子政务（7）：49-59.

邵春霞，彭勃，2015. 经济地位、参与程度和主观能力：中国网民政治认同影响因素分析 [J]. 经济社会体制比较，181（5）：127-139.

沈晓珊，李林昆，1991. 主体性概念试析 [J]. 哲学动态（8）：20-23.

沈杰，2003. 中国社会心理嬗变：1992—2002[J]. 中国青年政治学院学报（1）：133-139.

宋吉玲，2016. 改革开放"非意识形态化"误读与正解 [J]. 马克思主义研究（5）：85-95.

孙立平，2002. 资源重新积聚背景下的底层社会形成 [J]. 战略与管理（1）：

18–26.

唐芳, 2009. 政治网民的社会经济地位与政治倾向：基于强国和猫眼的探索性分析[D]. 北京：北京大学.

唐魁玉, 2014. 网络社会及其社会本体论诠释[J]. 哈尔滨工业大学学报（社会科学版）（1）：5-11.

唐子茜, 曹勇, 2015. 网络社会心态的特征及调适对策[J]. 北京交通大学学报（社会科学版）（1）：132.

陶建杰, 2016. 中国新生代农民工研究：信息获取与传播的角度[M]. 上海：上海交通大学出版社.

王迪, 王汉生, 2016. 移动互联网的崛起与社会变迁[J]. 中国社会科学（7）：105-112.

王会丽, 蒲清平, 朱丽萍, 2014. 当代青年社会心态的嬗变：解读2010—2013年网络流行语[J]. 中国青年研究（9）：77-81.

王佳鹏, 2019. 从政治嘲讽到生活调侃：从近十年网络流行语看中国青年社会心态变迁[J]. 中国青年研究（2）：11.

王志强, 2009. 中国当代网络民粹主义思潮辨析[J]. 湘潮（5）.

文军, 吴晓凯, 2015. 大都市底层社会的形成及其影响：以上海市的调查为例[J]. 华东师范大学学报（哲学社会科学版），47（5）：84-93.

吴麟, 2017. 夹缝中的主体性建构：当代中国劳工自办媒体境况[J]. 青年研究（2）：56-65+95-96.

吴强, 2016. 中产阶级是怎么炼成的？从哈特和奈格里的《分众》谈起[J]. 文化纵横（4）：40-46.

习近平, 2017. 决胜全面建成小康社会 夺取新时代中国特色社会主义伟大胜利：在中国共产党第十九次全国代表大会上的报告[M]. 北京：人民出版社.

习近平, 2018. 开放共创繁荣，创新引领未来：在博鳌亚洲论坛2018年年会开幕式上的主旨演讲[N]. 人民日报, 4-11.

习近平, 2019. 中国特色社会主义进入新时代：关于我国发展新的历史方位

[N]. 人民日报，7-23.

萧功秦，2010. 困境之礁上的思想水花：当代中国六大社会思潮析论 [J]. 社会科学论坛（8）：57-77.

徐觉哉，2008. 国外学者论中国特色社会主义 [J]. 中国特色社会主义研究（3）：39-51.

许向东，2009. 一个特殊群体的媒介投影：传媒再现中的"农民工"形象研究 [J]. 国际新闻界（10）：44-47.

谢俊贵，2010. 网上虚拟社会建设：必要与设想 [J]. 社会科学研究（6）：106-112.

杨建新，2012. 网络虚拟社会语境下青少年价值观的重塑 [J]. 中国青年研究（6）：106-110.

余建华，2014. 网络社会心态研究何以可能 [J]. 北京邮电大学学报（社会科学版）（5）：16-21.

周晓虹，2009. 中国人社会心态六十年变迁及发展趋势 [J]. 河北学刊（5）：1-6.

周晓虹，2011. 中国经验与中国体验：理解社会变迁的双重视角 [J]. 天津社会科学（6）：12-19.

周晓虹，2016. 社会心态、情感治理与媒介变革 [J]. 探索与争鸣（11）：32-35.

张明，尚庆飞，2018. 理解中国特色社会主义新时代的三重维度 [J]. 南京社会科学（3）：17.

张爱凤，2019. "底层发声"与新媒体的"农民叙事"：以"今日头条"三农短视频为考察对象 [J]. 广州大学学报（社会科学版），8（4）：49-57.

赵孟营，2018. 超大城市治理：国家治理的新时代转向 [J]. 中国特色社会主义研究（4）：63-68.

赵云泽，韩梦霖，2013. 从技术到政治：中国网络公共空间的特性分析 [J]. 国际新闻界，35（11）：73-87.

郑雯，桂勇，黄荣贵，2017. 寻找网络民意：网络社会心态研究第 1 辑 [M]. 北京：华夏出版社.

郑雯，黄荣贵，2017. 把握网络社会心态演进趋势 [N]. 中国社会科学报，6-1.

郑雯，李良荣，2018. 中等收入群体在中国网络社会的角色与地位研究 [J]. 现代传播（中国传媒大学学报）（1）：92-95.

郑雯，桂勇，黄荣贵，2019. 论争与演进：作为一种网络社会思潮的改革开放：以 2013—2018 年 2.75 亿条微博为分析样本 [J]. 新闻记者（1）：53-64.

郑素侠，2013. 媒介化社会中的农民工 [M]. 北京：中国社会科学出版社.

朱迪，2016. 金砖国家中产阶层的发展概况和困境 [J]. 文化纵横（4）：52-59.

Bollen J, Mao H N, Zeng X J, 2011. Twitter mood predicts the stock market[J]. Journal of Computational Science, 2:1-8.

Boutyline Andrei, Vaisey Stephen, 2017. Belief network analysis: A relational approach to understanding the structure of attitudes [J]. American Journal of Sociology, 5: 1371-1447.

Cairns, Christopher and Allen Carlson, 2016. Real-world Islands in a Social Media. Sea: Nationalism and Censorship on Weibo during the 2012 Diaoyu/Senkaku Crisis[J]. The China Quarterly, 225: 23-49.

Castells Manuel, 1996. The information age: Economy, society and culture (3 volumes)[M]. Oxford: Blackwell.

Castells Manuel, 1998. A rejoinder: On power, identities and culture in the network society[J]. New Political Economy, 3: 473-483.

Castells Manuel, 2010. The Rise of the Network Society: With a New Preface, Volume I, Second edition with a new preface[M]. John Wiley & Sons.

Damm J, Thomas S, 2006. Chinese Cyberspaces: Technological Changes and Political Effects (1st ed.)[M]. Routledge.

DeLisle Jacques, Goldstein Avery, Yang Guobin,2016. The internet, social media, and a changing China[M]. University of Pennsylvania Press.

DiMaggio Paul, Hargittai Eszter, Neuman W. Russell, et al., 2001. Social implications of the Internet[J]. Annual review of sociology, 1: 307–336.

Fu, King-wa, and Michael Chau, 2003. Reality check for the Chinese microblog space: a random sampling approach[J]. PloS one, 8(3): e58356.

Graham, Todd, and Scott Wright, 2014. Discursive equality and everyday talk online: The impact of "superparticipants" [J]. Journal of Computer-Mediated Communication, 19(3): 625–642.

Han Rongbin, 2015. Defending the authoritarian regime online: China's "voluntary fifty-cent army" [J]. The China Quarterly, 224: 1006–1025.

Hepp Andreas, Hjarvard Stig, Lundby Knut, 2015. Mediatization: Theorizing the interplay between media, culture and society [J]. Media, Culture & Society, 2: 314–324.

Huang R and Sun X, 2014. Weibo network, information diffusion and implications for collective action in China[J]. Information, Communication & Society, 77(1): 86–104.

Huang Ronggui, Gui Yong and Sun Xiaoyi, 2019. Beyond the left-right spectrum: A typological analysis of ideologues in China's weibo space[J]. Journal of Contemporary China, 28(119): 831–847.

Han, Rongbin, 2015. Defending the authoritarian regime online: China's "Voluntary Fifty-cent Army" [J]. The China Quarterly, 224: 1006–1025.

Harrigan, Nicholas, Palakorn Achananuparp, and Ee-Peng Lim, 2012. Influentials, novelty, and social contagion: The viral power of average friends, close communities, and old news[J]. Social Networks, 34(4): 470–480.

Hepp Andreas, Hjarvard Stig, Lundby Knut, 2015. Mediatization: Theorizing the interplay. between media, culture and society[J]. Media, Culture & Society, 2: 314–324.

Hyun Ki Deuk, Kim Jinhee, 2015. The role of new media in sustaining the status quo: Online political expression, nationalism, and system support in China [J].

Information, Communication & Society, 7: 766-781.

Jue S, 2016. Her voice in the making: ICTs and the empowerment of migrant women in Pearl River Delta[J]. China, Asian Journal of Women's Studies, 22(4): 507-516.

King Gary, Pan Jennifer, Roberts Margaret E, 2017. How the Chinese government fabricates social media posts for strategic distraction, not engaged argument[J]. American Political Science Review, 3: 484-501.

Klinger Ulrike, Svensson Jakob, 2018. The end of media logics? On algorithms and agency[J]. New Media & Society, 12: 4653-4670.

Li, He, 2015. Political thought and China's transformation: Ideas shaping reform in Post-Mao China[M]. New York: Palgrave Macmillan.

Lee, Eun-Ju, and Yoon Jae Jang, 2010. What do others' reactions to news on internet portal sites tell us? Effects of presentation format and readers' need for cognition on reality perception[J]. Communication Research, 37(6): 825-846.

Lee, Eun-Ju, 2012. That's not the way it is: How user-generated comments on the news affect perceived media bias[J]. Journal of Computer-Mediated Communication, 18(1): 32-45.

Maio G R, Olson J M and Bernard M M, et al., 2003. Ideologies, values, attitudes, and behavior[M]//John Delamater (ed.), Handbook of Social Psychology. New York: Kluwer Academic/Plenum Publishers.

Mehra B, Merkel C, and Bishop A P, 2004. The Internet for empowerment of minority and marginalized users[J]. New Media & Society, 6(6): 781-802.

Mitra A, 2010. Voices of the marginalized on the Internet: Examples from a website for women of South Asia[J]. Journal of Communication, 54(3): 492-510.

Nie Hongping Annie, 2013. Gaming, nationalism, and ideological work in contemporary China: Online games based on the war of resistance against Japan [J]. Journal of Contemporary China, 81: 499-517.

Nofsinger J R, 2005.Social mood and financial economics[J]. The Journal of Behavioral Finance, 6(3): 144–160.

Pan, Jennifer and Yiqing Xu, 2018. China's ideological spectrum[J]. The Journal of Politics, 80(1): 254–273.

Park, Chang Sup, 2013. Does Twitter motivate involvement in politics? Tweeting, opinion leadership, and political engagement[J]. Computers in Human Behavior, 29(4): 1641–1648.

Pan Jennifer, Xu Yiqing, 2018. China's ideological spectrum[J]. The Journal of Politics, 1: 254–273.

Qiu J, 2016. Social media on the picket line[J]. Media, Culture & Society, 38(4): 619–633.

Rains, Stephen A, et al., 2017. Incivility and political identity on the Internet: Intergroup factors as predictors of incivility in discussions of news online[J]. Journal of Computer-Mediated Communication, 22(4): 163–178.

Stieglitz S and Linh D X, 2013. Emotions and information diffusion in social media—sentiment of microblogs and sharing behavior[J]. Journal of Management Information Systems, 29(4): 217–248.

Sun W N, 2009. Maid in China: Media, morality and the cultural politics of boundaries[M]. London: Routledge.

Sun W N, 2014. Subaltern China: Rural Migrants, Media, and Cultural Practices[M]. MA: Rowman & Littlefield.

Shannon Greenwood, Andrew Perrin & Maeve Duggan, 2016. Social Media Update[R]. Pew Research Centre.

Svensson Marina, 2014. Voice, power and connectivity in China's microblogosphere: Digital divides on SinaWeibo [J]. China Information, 2: 168–188.

Tamburrini Nadine, Cinnirella Marco, Jansen Vincent AA, Bryden John, 2015. Twitter users change word usage according to conversation-partner social identity [J].

Social Networks, 40: 84–89.

Tong Yanqi, Lei Shaohua, 2013. War of position and microblogging in China[J]. Journal of Contemporary China, 80: 292–311.

Wu A X, 2014. Ideological polarization over a China-as-superpower mind-set: An exploratory charting of belief systems among Chinese Internet users, 2008–2011[J]. International Journal of Communication, 8: 2243–2272.

Yang Guobin, 2009. The power of the Internet in China: Citizen activism online[M]. Columbia University Press.

Yardi S and Boyd D, 2010. Dynamic debates: An analysis of group polarization over time on Twitter[J]. Bulletin of Science, Technology & Society, 30(5): 316–327.

Yu Louis Lei, Asur Sitaram, Huberman Bernardo A, 2015. Trend dynamics and attention in Chinese social media[J]. American Behavioral Scientist, 9: 1142–1156.

Yin S Y, 2018. Alternative forms of media, ICTs, and underprivileged groups in China[J]. Media, Culture & Society, 40(8): 1221–1236.

Yang, Hye Seung, 2008. The effects of the opinion and quality of user postings on Internet news readers' attitude toward the news issue[J]. Korean Journal of Journalism & Communication Studies, 52(2): 254–281.

Yuan Elaine J, Feng Miao, Danowski James A, 2013. "Privacy" in semantic networks on Chinese social media: The case of Sina Weibo [J]. Journal of Communication, 6: 1011–1031.

Zhang Leihan, Jichang Zhao, and Ke Xu, 2016. Who creates trends in online social media: The crowd or opinion leaders?[J]. Journal of Computer-Mediated Communication, 21(1): 1–16.

后记

2022年，是我们团队开展中国网络社会心态调查项目的第10个年头。

从最早采用人海战术"人盯人"跟进分布在36类职业群体中的数千名网络用户，聚焦横截面的网络民意呈现，到现在运用大数据驱动的各类研究方法尝试推进对网络空间演进的理解，这10年，我们很辛苦，但很有成就感。网络社会心态研究系列丛书中，2017年出版的《寻找网络民意：网络社会心态研究（第一辑）》，获得教育部高等学校优秀成果奖二等奖、上海哲社优秀成果奖著作类一等奖。相关研究已经在中外期刊发表论文近50篇，获得中央办公厅优秀报告奖、上海哲社优秀成果奖论文类二等奖、内部报告奖、上海市决策咨询奖、上海新闻奖一等奖、上海新闻论文奖一等奖、中国新闻奖、"启皓奖"卓越学术奖、首届新闻传播学期刊优秀论文奖、全国新闻传播学优秀论文奖、中国社会学会年会优秀论文奖等学术荣誉20余项。

我们仍然在坚持着最初的理想，希望通过数年、数十年的积累，留下一些有历史沉淀的资料，也留下一些活生生的、有血有肉的记录。我们持续坚持"中国网络社会心态调查"，也同步推进"中国千人社会心态访谈调查""中国发展社会效能指数调查""网民对时政热词、重大政策态度调查""互联网与当代大学生系列研究""网络意识形态关键群体演进调查""中国人民美好生活观调查"等数十个线上线下调查研究项目。《网络空间演进：网络社会心态研究（第二辑）》出版后，《互联网与它的原住民：网络社会心态研究（第三辑）》也将很快与大家见面。

网络社会心态研究的10年，是我学术起步的10年。感谢我的老师李良荣教授，您的敏锐和智慧始终引领着我理解中国问题；感谢我的老师桂勇教授，您赋予网络社会心态研究的洞见和方向，是我们团队的灵魂。感谢我的领导张涛甫教授、张怡教授，感谢复旦大学新闻学院、复旦发展研究院所有亲爱的老师。复旦不仅是我学习成长的地方，也是我心灵的归属。本书还要特别感谢黄荣贵、陈李伟、吴锦峰、胡佳丰、乐音、施畅、许愿、施钰、鄢浩、黄锦瑜。网络社会心态研究的 10 年，有数百名研究生和老师们一起接力前行。我想说，这本书属于"我们"。

《网络空间演进：网络社会心态研究（第二辑）》是我们诸多尝试中的又一步，虽然还很粗糙，但我希望能够让它呈现出来。我们一定会继续坚持下去。

真诚期待各位师友的批评、指正！

郑　雯

2022 年 6 月 1 日于刚刚解封的上海家中